Apologia da História

Marc Bloch

Apologia da História
ou O Ofício de Historiador
Edição anotada por Étienne Bloch

Prefácio:
Jacques Le Goff

Apresentação à edição brasileira:
Lilia Moritz Schwarcz

Tradução:
André Telles

22ª reimpressão

ZAHAR

Copyright © 1993, 1997 by Armand Colin

Tradução autorizada da edição francesa publicada em 1997 por Armand Colin, de Paris, França

Este livro, publicado no âmbito do programa de auxílio à publicação, contou com o apoio do Ministério francês das Relações Exteriores, da Embaixada da França no Brasil e da Maison française do Rio de Janeiro.

Grafia atualizada segundo o Acordo Ortográfico da Língua Portuguesa de 1990, que entrou em vigor no Brasil em 2009.

Título original
Apologie pour l'histoire, ou Métier d'historien

Capa
Sérgio Campante

CIP-Brasil. Catalogação na fonte
Sindicato Nacional dos Editores de Livros, RJ

B611a	Bloch, Marc Leopold Benjamin, 1886-1944
	Apologia da história, ou, O ofício de historiador / Marc Bloch; prefácio, Jacques Le Goff; apresentação à edição brasileira, Lilia Moritz Schwarcz; tradução, André Telles. — 1ª ed. — Rio de Janeiro: Zahar, 2001.
	Tradução de: Apologie pour l'histoire, ou, Métier d'historien.
	ISBN 978-85-7110-609-3
	1. Bloch, Marc Leopold Benjamin, 1886-1944. 2. Historiografia. I. Título. II. Título: O ofício do historiador.
01-0834	CDD: 907.2
	CDU: 930.2

Todos os direitos desta edição reservados à
EDITORA SCHWARCZ S.A.
Praça Floriano, 19, sala 3001 — Cinelândia
20031-050 — Rio de Janeiro — RJ
Telefone: (21) 3993-7510
www.companhiadasletras.com.br
www.blogdacompanhia.com.br
facebook.com/editorazahar
instagram.com/editorazahar
twitter.com/editorazahar

Sumário

Apresentação à edição brasileira, por Lilia Moritz Schwarcz 7
Prefácio, por Jacques Le Goff 15
A Lucien Febvre, à guisa de dedicatória 39
Introdução 41

Capítulo I — A história, os homens e o tempo 51
    1. A escolha do historiador 51
    2. A história e os homens. 52
    3. O tempo histórico. 55
    4. O ídolo das origens. 56
    5. Passado e "presente". 60

Capítulo II — A observação histórica 69
    1. Características gerais da observação histórica. 69
    2. Os testemunhos. 76
    3. A transmissão dos testemunhos 82

Capítulo III — A crítica 89
    1. Esboço de uma história do método crítico 89
    2. Em busca da mentira e do erro 96
    3. Tentativa de uma lógica do método crítico 109

Capítulo IV — A análise histórica 125
    1. Julgar ou compreender? 125
    2. Da diversidade dos fatos humanos à unidade de consciência. 128
    3. A nomenclatura. 135
    4. (Sem título) 147

Capítulo V — (Sem título) 155

Apresentação à edição brasileira

Por uma historiografia da reflexão

Segundo um velho provérbio árabe, "os homens se parecem mais com sua época do que com seus pais". Ditos, pretensamente ingênuos, fazem mais do que simplesmente dispor sobre o óbvio; muitas vezes anunciam tendências ou expõem, de forma sintética, sentimentos e expectativas.

Na verdade, foi essa fórmula que Marc Bloch, o grande historiador medievalista francês, sempre buscou. Contra uma historiografia positiva e *événementielle* — conforme designaram F. Simiand e P. Lacombe —, que se apoiava em fatos, grandes nomes e heróis e assim constituía pautas e agendas históricas naturalizadas, Bloch inaugurou a noção de "história como problema".

Em primeiro lugar, a história não seria mais entendida como uma "ciência do passado", uma vez que, segundo Bloch, "passado não é objeto de ciência". Ao contrário, era no jogo entre a importância do presente para a compreensão do passado e vice-versa que a partida era, de fato, jogada. Nessa formulação pretensamente simples estava exposto o "método regressivo": temas do presente condicionam e delimitam o retorno, possível, ao passado. Tal qual um "dom das fadas", a história faria com que o passado retornasse, porém não de maneira intocada e "pura". Por isso mesmo, Bloch preferia trocar os termos da equação e provocar dizendo que, assim como a história não era a ciência do passado, também não poderia ser definida como uma "ciência do homem".

Entre tantos "nãos" sobrava, porém, espaço para a conclusão: a história seria talvez a "ciência dos homens, ou melhor, dos homens no tempo". Não estamos longe da definição de Lucien Febvre, um especialista no século XVI, o qual, junto com Marc Bloch, fundou nos idos de 1929 a prestigiosa escola dos *Annales*, que teria papel fundamental na constituição de um novo modelo de historiografia. Segundo Febvre, a "história era filha de seu tempo", o que já demonstrava a intenção do grupo de problematizar o próprio "fazer histórico" e sua capacidade de observar. Cada época elenca novos temas que, no fundo, falam mais de suas próprias inquietações e convicções do que de tempos memoráveis, cuja lógica pode ser descoberta de uma vez só.

A mesma postura crítica escorregava para a análise dos documentos, que deixavam de representar fontes inoculadas e por si só verdadeiras. "Documentos são vestígios", diz Marc Bloch, contrapondo-se à versão da época, que definia o passado como um dado rígido, que ninguém altera ou modifica. Longe dessa postura mais ontológica e reificadora, para o historiador francês o passado era uma "estrutura em progresso". Segundo Bloch, mesmo o mais claro e complacente dos documentos não fala senão quando se sabe interrogá-lo. É a pergunta que fazemos que condiciona a análise e, no limite, eleva ou diminui a importância de um texto retirado de um momento afastado.

Novos tempos levam a novas historicidades; boas perguntas constituem campos inesperados. Diante da insistência de Alice em saber qual a melhor formulação, assim reagia Humpty Dumpty, na famosa história de Lewis Carrol: "— A questão é: quem é o senhor, quem é o dono das perguntas?". Nenhum objeto tem movimento na sociedade humana exceto pela significação que os homens lhe atribuem, e são as questões que condicionam os objetos e não o oposto.

Esse tipo de visão crítica — oposta aos modelos mais tradicionais de historiografia, que acreditavam naquilo que Le Goff chamou de "imperialismo dos documentos" — marcou Marc Bloch e toda a primeira geração dos *Annales*. Tratava-se de uma espécie de guerra de "trincheiras" contra a história exclusivamente política e militar; uma história até então segura e tranquila diante dos eventos e da realidade que buscava anunciar.

Os tempos eram decididamente outros, assim como foi diferente a carreira do, ainda, jovem historiador Marc Bloch. Tendo frequentado a École Normale até o ano de 1908, lá entrou em contato com a obra de Lévy-Bruhl — autor que advogava a ideia da existência de ideias definidoras de diferentes momentos civilizatórios — e sobretudo de Émile Durkheim, declaradamente sua maior influência. Foi a partir da análise da obra do sociólogo e da revista *Année Sociologique* que Bloch reconheceu a importância da interdisciplinaridade e de revestir a prática da história de questões de fôlego mais amplo e afeitas a durações mais longas.

Atento aos problemas de seu próprio mundo, Bloch optou, porém, pela história medieval e especializou-se na Île de France, sobre a qual publicou, em 1913, seu primeiro estudo. Já nesse momento, a noção de "problema" surgia expressa, quando Bloch questionava o conceito de região e alegava que este variava em função da questão que se tinha em mente.

Mas foi, definitivamente, na atmosfera da faculdade de letras da Universidade de Estrasburgo — onde foi nomeado *chargé de cours* e *maître de conférences*, em dezembro de 1919, e *professeur* em 1921 — que Bloch conheceu um verdadeiro ambiente intelectual. Nos anos após a I Guerra Mundial, Estrasburgo, recém-desanaxeda da Alemanha, representava um ambiente renovado e aberto ao intercâmbio entre disciplinas e ideias. Assim que a guerra termina a cidade se converte em uma espécie de vitrine intelectual francesa diante do mundo germânico, e nosso historiador tira bom proveito da situação.

Bloch, após ter lutado na Grande Guerra, retorna dela em 15 de novembro de 1914, ferido e doente o suficiente para ser colocado na retaguarda. No entanto, no período de repouso aproveita para dar forma escrita às suas memórias e esboça uma série de temas que seriam retomados, e transformados em livro só em 1940, quando publica L'*Étrange défaite* (*A estranha derrota*). Nesse contexto, porém, e amparado pela experiência de tantos colegas provenientes de outras áreas e disciplinas, Bloch usa a vivência do *front* para pensar em temas da psicologia coletiva, ou melhor em uma história da psicologia coletiva.

É nesse contexto intelectual, também, que conhece uma série de colegas, cujas obras serão decisivas em sua carreira. O especialista em Antiguidade romana André Piganiol, o medievalista Charles-Edmond Perrin, o sociólogo Gabriel Le Bras, o geógrafo Henri Baulig, o médico e psicólogo Charles Blondel e o sociólogo Maurice Halbwachs, cujo estudo sobre a estrutura da memória social teve grande impacto no pensamento de Marc Bloch.

Mas Estrasburgo significou mais. Foi lá que Bloch conviveu com o historiador da Revolução Francesa, Georges Lefebre e, acima de tudo, com Lucien Febvre, com quem se encontrou diariamente entre 1920 e 1933.

De certa maneira a riqueza do grupo de professores ajuda a entender, se não a força do livro que Bloch estava por terminar, ao menos a importância de seu desafio e o tamanho da empreitada. Em 1924, Marc Bloch publica *Os reis taumaturgos*, obra que procurava entender o poder de toque praticado pelos monarcas ingleses e franceses durante a Idade Média e até o século XVIII. Dizia a crença que os soberanos teriam o poder de curar os doentes de escrófulas, uma moléstia de pele então conhecida como "mal dos reis". O tema permitia adentrar terrenos desconhecidos da "psicologia religiosa", assim como a seara das assim chamadas "ilusões coletivas". Ao fim e ao cabo, Bloch reconhecia ter feito uma história do milagre; isto é, do desejo do milagre. Como confessava o historiador, "o que criava a fé no milagre era a ideia de que deveria haver um milagre".

Investindo em uma história de longa duração, de períodos históricos mais alargados e estruturas que se modificavam de maneira mais lenta e preguiçosa, Bloch tornava-se uma espécie de fundador da "antropologia histórica", ao selecionar eventos marcados pelo seu contexto, mas acionados por estruturas e permanências sincrônicas, anteriores ao momento mais imediato. Em questão estava o poder monárquico, mas, também e igualmente, crenças e ritos, medicina popular e mentalidades. Estávamos longe, muito longe de uma história mais tradicional, fiel a datas e nomes positivamente delimitados. No fenômeno selecionado Bloch pretendia ter encontrado "representações coletivas", conceito retirado da sociologia de Émile Durkheim, que mostrava o manejo complexo entre modelos individuais e sociais. Como dizia o sociólogo: "A lógica da sociedade não é igual à soma dos indivíduos", abrindo-se, assim, um campo próprio para pensar na lógica social e em suas especificidades.

Mas Bloch seria lembrado, ainda mais, por seus passos seguintes. Em 1928 toma a iniciativa de ressuscitar velhos projetos, que incluíam a ideia de fundar uma revista histórica. Diante da negativa de Pirenne, Bloch e Febvre tornam-se editores da revista dos *Annales*, publicação essa que daria origem a todo um movimento de renovação na historiografia francesa e que está na base do que hoje chamamos de "Nova História". Nos primeiros números — e apesar do predomínio de artigos de historiadores econômicos — ficavam expressas as prerrogativas do grupo: o combate a uma história narrativa e do acontecimento, a exaltação de uma "historiografia do problema", a importância de uma produção voltada para todas as atividades humanas e não só à dimensão política e, por fim, a necessária colaboração interdisciplinar.

A carreira de Bloch, daí por diante, seria brilhante, mas breve e cortada pela guerra. Em 1931 publica um livro sobre a história rural francesa, onde sintetiza uma série de questões sobre o tema, usando fontes também literárias. Nessa obra, o historiador aplica seu método "regressivo", buscando ler a história ao inverso e utilizando-se de temas do presente. Em 1939 é a vez de *A sociedade feudal*, texto em que elabora outro grande painel sobre a história europeia, de 900 a 1300. De maneira direta, os estudos de Bloch, junto com os de Lucien Febvre, convertiam-se em motes de ataque aos modelos mais empíricos, assim como libelos de defesa de "um novo tipo de história", identificada no grupo seleto dos *Annales*.

A II Guerra Mundial significou, no entanto, um bloqueio aos espíritos que andavam, assim, soltos e animados. Mesmo contando com 53 anos, Bloch resolve alistar-se, mais uma vez, no exército, avaliando a responsabilidade social em jogo naquela ocasião. Diante da derrota francesa, retorna à vida acadêmica por pouco tempo, entrando, em 1943, para a Resistência do grupo de Lyon. Preso no ano de 1944, o historiador, mesmo em condições absolutamente desfavoráveis, passa seu tempo redigindo. Desse período resultam dois pequenos livros, escritos entre quatro paredes sólidas. O primeiro deles já comentamos brevemente; é *A estranha derrota*, obra que associa a experiência particular das duas guerras e se debruça sobre a derrota francesa de 1939.

O segundo texto nos interessa mais de perto. Trata-se exatamente de *Apologia da história ou O ofício de historiador*, obra inacabada que traz reflexões sobre método, objetos e documentação histórica. Isolado, longe da família e das notícias que falavam do destino a um só tempo trágico e desastroso da França — que até então parecia resistir à invasão alemã —, Marc Bloch redigia um pequeno ensaio, até hoje uma peça preciosa para a compreensão desse movimento que revolucionou a historiografia.

Nesse ensaio, a política ronda por perto. Não é à toa que Marc Bloch tenha escrito que "a história serve à ação". No entanto, e apesar de estar diante de situações tão radicais, Bloch não dá receitas fáceis e não faz da história um exercício de reflexo imediato da política, ou uma resposta pragmática qualquer. Por certo, não seria Bloch quem pediria o afastamento da ação. Ao contrário, seus conselhos são do calibre daqueles que vivem a violência de perto; muito perto: "Não se recua diante da responsabilidade. E, em matéria intelectual, horror da responsabilidade não é sentimento muito recomendável." Mas não basta reagir ao contexto e aos ditames do momento presente; a tarefa intelectual parece se impor de forma paralela e o rigor reassume sua importância, mesmo diante de tantos impedimentos.

Os tempos eram porém difíceis e, como dizia Bloch, "a história se encontra desfavorável às certezas". Torturado pela Gestapo, e depois fuzilado em 16 de julho de 1944 em Saint Didier de Formans, perto de Lyon, por causa de sua participação na Resistência francesa, Bloch deixou com essa obra um legado e como que desdenhou daqueles que deram fim à sua vida.

Como escreveu nesse seu último livro, "os historiadores são obrigados a refletir sobre hesitações e arrependimentos". Se isso tudo é verdade, dessa vez Bloch não falou em causa própria. Poucas vezes hesitou e pouco teve para se arrepender ou lamentar. Foi sobretudo um homem de seu tempo quando se engajou nas causas que se apresentavam bem diante de seus olhos, mas esteve à frente de todos quando não permitiu que os males do momento contaminassem sua capacidade de reflexão. Seu ensaio que restou sem final, como quem nada quer, era antes a prova de que os eventos passam, mas os grandes pensadores ficam e se perpetuam.

Nada como reproduzir a nota humilde, deixada por Bloch em um pé de página: "Talvez não seja inútil acrescentar ainda uma palavra de desculpas; as circunstâncias de minha vida atual, a impossibilidade em que me encontro de ter acesso a uma biblioteca, a perda de meus próprios livros fazem com que deva me fiar bastante em minhas notas e em minha memória. As leituras complementares, as verificações exigidas pelas próprias leis do ofício cujas práticas me proponho a descrever permanecem para mim frequentemente proibidas. Será que um dia poderei preencher essas lacunas? Nunca inteiramente, receio. Só posso, sobre isso, solicitar a indulgência, diria assumir a culpa, se isso não fosse assumir, mais do que seria legítimo, as culpas do destino."

O destino não quis, e a culpa de Bloch é antes a culpa de cada um de nós. O final abrupto do livro, surge quase como um constrangedor silêncio. Mais do que a falta de notas e referências — que antes sinalizam a extrema erudição do historiador —, fica a ausência gritante de um ponto final. Dizia Bloch: "causas não são postuladas, são buscadas" e assim o texto se cala, por mais que o leitor, angustiado com esse término inesperado, tente ler nas entrelinhas ou em algum outro sinal que ficou sem querer ficar. "Causas não devem ser postuladas", assim como não se explicam a violência da guerra e os radicalismos cometidos em nome dela. Mesmo nesses contextos extremos, em que a realidade se torna mais do que confusa, inomeável, Bloch defendeu a autonomia da reflexão e a ideia de que a responsabilidade e a necessária militância não eram sinônimos de fórmulas acabadas e índices milagrosos.

Dizem que os bons pensadores sobrevivem às suas obras; nesse caso o provérbio é literalmente verdadeiro.

LILIA MORITZ SCHWARCZ
Depto. de Antropologia, USP

Esta obra é dedicada à Associação Marc Bloch *(criada em 1992-3), presidida por Emmanuel Leroy-Ladurie, professor no Collège de France, na esperança de corresponder a um dos objetivos da associação:* "estimular a edição e a difusão das obras já publicadas de Marc Bloch e também as ainda inéditas."

Prefácio

Devemos comemorar a publicação dessa nova edição da obra póstuma e inacabada de Marc Bloch, *Apologia da história ou O ofício de historiador*, anotada por seu filho primogênito Étienne Bloch.

Sabemos que o grande historiador — cofundador, em 1929, da revista *Annales* (então intitulada *Annales d'Histoire Économique et Sociale* e atualmente *Annales Économies, Sociétés, Civilisations*), que havia sido obrigado a se esconder, pois era judeu, sob o regime de Vichy — entrou em 1943 na rede Franc-Tireur de la Résistance em Lyon, tendo sido fuzilado pelos alemães em 16 de junho de 1944 nos arredores desta cidade. Foi uma das vítimas de Klaus Barbie.

Marc Bloch deixava inacabado em seus papéis um trabalho de metodologia histórica composto no final de sua vida, intitulado *Apologie de l'histoire*, o qual foi finalmente publicado em 1949 por Lucien Febvre sob o título *Apologie de l'histoire ou Métier d'historien*.

▲ ▲ ▲

Não farei aqui um estudo sistemático do texto confrontando-o com a obra anterior de Marc Bloch, publicada ou ainda inédita em 1944. Será contudo importante avaliar se *Apologia da história* traduz essencialmente a conformação da metodologia aplicada por Marc Bloch em sua obra ou se marca uma etapa nova de sua reflexão e de seus projetos.

Deixarei de lado, portanto, o estudo, que exigiria uma pesquisa de fôlego, sobre uma comparação entre esse texto e outros textos metodológicos do final do século XIX e da primeira metade do século XX, em particular sobre a oposição entre esse texto e a célebre *Introdução aos estudos históricos* de Langlois e Seignobos (1901), que o próprio Marc Bloch considera, como demonstra a nota 1 de seu manuscrito (ver nota à p.41), um horror, apesar da homenagem que presta a esses dois historiadores, que foram seus professores. Nada de surpreendente nisso, pois os *Annales* são, desde sua criação, apresentados como o órgão de um combate contra a concepção da história definida por Langlois e Seignobos.

Esforçando-me por ser o discípulo póstumo — já que infelizmente não pude conhecer Marc Bloch — desse grande historiador, cuja obra e ideias foram para mim, e continuam sendo, as mais importantes em minha formação e minha prática de historiador, e honrado por ter me tornado em 1969 — graças a Fernand Braudel, grande herdeiro de Lucien Febvre e de Marc Bloch — codiretor dos *Annales*, tentarei simplesmente, nas páginas que vão se seguir, exprimir as reações de um historiador de hoje, um historiador que se situa na tradição de Marc Bloch e dos *Annales* e que se empenha em praticar, no que lhes diz respeito, a fidelidade definida por este último ao assinalar, na nota evocada acima, que a fidelidade não exclui a crítica. Minha intenção é tentar dizer o que significava esse texto no contexto geral da historiografia, em particular da historiografia francesa em 1944, e o que ainda significa atualmente.

▲ ▲ ▲

O título e o subtítulo *Apologia da história ou Como e por que trabalha um historiador* exprimem bem as intenções de Marc Bloch. Essa obra é em primeiro lugar uma defesa da história. Essa defesa se exerce contra ataques explícitos por ele evocados na obra, em especial os de Paul Valéry, mas também contra a evolução real ou possível de um conhecimento científico do qual a história seria repelida para as margens ou até excluída. Pode-se também pensar que Marc Bloch pretende defendê-la contra os historiadores, que, a seu ver, acreditam a ela servir, mas a prejudicam. Enfim, e é, acho, um dos pontos fortes da obra, ele faz questão de marcar as distâncias do historiador em relação a sociólogos ou economistas cujo pensamento lhe interessa, mas onde enxerga também perigos para a disciplina histórica. Será, veremos, o caso de Émile Durkheim ou de François Simiand.

O subtítulo definitivo, *O ofício de historiador*, que substituirá pertinentemente o primeiro subtítulo, ressalta outra preocupação de Marc Bloch: definir o historiador como um homem de ofício, investigar suas práticas de trabalho e seus objetivos científicos e, como veremos, inclusive para além da própria ciência.

O que o título não diz, mas o texto sim, é que Marc Bloch não se contenta em definir a história e o ofício de historiador, mas quer também assinalar o que deve ser a história e como deve trabalhar o historiador.

▲ ▲ ▲

Antes de resumir minha leitura do texto de Marc Bloch, gostaria de destacar a extraordinária capacidade desse historiador de transformar seu presente vivido em reflexão histórica. Sabemos que esse grande dom se exprimirá sobretudo na redação de *L'Étrange défaite*, provavelmente o estudo mais perspicaz realizado até hoje sobre causas e aspectos da derrota francesa de 1940. Marc Bloch refletiu sobre o acontecimento no calor da hora e o analisou praticamente sem dispor de qualquer arquivo, qualquer documentação a princípio necessária ao historiador; fez entretanto obra de história e não de jornalista. Pois mesmo os melhores jornalistas permanecem "colados" ao acontecimento. Ora, desde junho de 1940, quando se encontra na Rennes ocupada, longe de qualquer biblioteca, Bloch aproveita "lazeres ameaçadores preparados para ele por um estranho destino" para refletir — em um texto que, como escreve, assume necessariamente, nas circunstâncias em que é elaborado, o aspecto de um testamento — sobre o problema da legitimidade da história e esboçar algumas das ideias-chave do que será a *Apologia da história*.

Irei me deter um pouco na Introdução desse texto, pois ela enuncia algumas das ideias-força da obra projetada. Como ponto de partida, Marc Bloch toma a interrogação de um filho lhe perguntando para que serve a história. Essa confidência não apenas nos mostra um homem tanto pai de família como servo de sua obra, como nos introduz ao cerne de uma de suas convicções: a obrigação de o historiador difundir e explicar seus trabalhos. Ele deve, diz, "saber falar, no mesmo tom, aos doutos e aos estudantes", e salienta que "simplicidade tão apurada é privilégio de alguns raros eleitos". Nem que fosse por essa única afirmação, essa obra permanece hoje em dia, quando o jargão também invadiu tantos livros de história, de uma atualidade espantosa.

A própria expressão "legitimidade da história", empregada por Marc Bloch desde as primeiras linhas, mostra que para ele o problema epistemológico da história não é apenas um problema intelectual e científico, mas também um problema cívico e mesmo moral. O historiador tem responsabilidades e deve "prestar contas". Marc Bloch coloca assim o historiador entre os artesãos que devem dar provas de consciência profissional, mas, e aí está a marca de seu gênio ao pensar imediatamente na longa duração histórica, "o debate ultrapassa, em muito, os pequenos escrúpulos de uma moral corporativa. Nossa civilização ocidental inteira está interessada nele." Eis simultaneamente afirmadas a civilização como objeto privilegiado do historiador e a disciplina histórica como testemunha e parte integrante da civilização.

E imediatamente, numa perspectiva de história comparativa, Marc Bloch assinala que, "diferentemente de outros tipos de cultura, a civilização ocidental sempre esperou muito de sua memória", e assim é introduzido um par fundamental para o historiador e para o amante da história: história e memória — memória que é uma das principais matérias-primas da história, mas que não se identifica com ela. Logo a seguir é apresentada a explicação de um fenômeno que não é apenas constatado. Essa atenção em relação à memória é ao mesmo tempo, para o Ocidente, herança da Antiguidade e herança do cristianismo.

Seguem-se algumas linhas resumidas por uma fórmula lapidar, da qual talvez ainda não se tenha extraído toda a fecundidade: "O cristianismo é uma religião de historiadores." A esse propósito, Marc Bloch menciona dois fenômenos que para ele estão no cerne da história: a duração, de um lado, matéria concreta do tempo, e a aventura, de outro, forma individual e coletiva da vida dos homens, arrastados ao mesmo tempo pelos sistemas que os superam e confrontados a um acaso no qual se exprime com frequência a mobilidade da história. Marc Bloch também falará mais adiante das "aventuras do corpo".

Embora depois Marc Bloch estime que os franceses mostram menos interesse por sua história do que os alemães pela sua, não estou seguro de que tenha razão. Mas creio que temos aí a expressão de um sentimento profundo de Marc Bloch a respeito dos alemães, sentimento que advém tanto da experiência de sua temporada estudantil na Alemanha em 1907-8 como de sua experiência de historiador. Há na historiografia alemã e na própria história alemã (Marc Bloch, não esqueçamos, escreveu durante a guerra) uma orientação perigosa vinda do passado, vinda da história.

Esse juízo emitido sobre as relações dos franceses com sua história também é marcado pela angústia da derrota, e o pessimismo no qual vive Marc Bloch o leva a previsões apocalípticas. Segundo ele, se os historiadores não ficarem vigilantes, a história arrisca-se a naufragar no descrédito e desaparecer de nossa civilização. Trata-se, naturalmente, da história como disciplina histórica, e Marc Bloch tem consciência de que, diferentemente da história, coextensiva à vida humana, a ciência histórica é um fenômeno ele mesmo histórico, submetido às condições históricas. Legitimidade da história, mas também fragilidade da história.

Entretanto, mal Marc Bloch evocou esse apocalíptico fim da história, seu olhar mais lúcido de historiador, alimentado pelo otimismo fundamental do homem, propõe uma visão dos acontecimentos históricos mais serena e mais esperançosa. "Nossas tristes sociedades", diz, e a proximidade com os *Tristes trópicos* de Claude Lévi-Strauss me parece impressionante, "põem-se a duvidar de si próprias" e se perguntam se o passado não é culpado, seja por tê-las enganado, seja por não terem sabido interrogá-lo. Mas a explicação de suas angústias é que essas "tristes sociedades" estão "em perpétua crise de crescimento": ali onde outros historiadores teriam falado de declínio, de decadência, Marc Bloch, que analisou tanto períodos de crise como períodos de mutação, de crescimento, confere de novo um sentido positivo e uma esperança a essas sociedades e aos movimentos da história.

Entrar no teor deste livro é portanto grave. Trata-se de um tema sério, abordado em uma situação dramática. No entanto, Marc Bloch logo reencontra e repete uma das virtudes da história: ela "distrai". Antes do desejo de conhecimento, ela é estimulada pelo "simples gosto". E eis reabilitados, num lugar decerto marginal, limitado, a curiosidade e o romance histórico colocados a serviço da história: os leitores de Alexandre Dumas talvez não sejam senão "historiadores em potencial". É preciso, portanto, para fazer a boa história, para ensiná-la, para fazê-la ser amada, não esquecer que, ao lado de suas "necessárias austeridades", a história "tem seus gozos estéticos próprios". Do mesmo modo, ao lado do necessário rigor ligado à erudição e à investigação dos mecanismos históricos, existe a "volúpia de apreender coisas singulares"; daí esse conselho, que me parece também muito benvindo ainda hoje: "Evitemos retirar de nossa ciência sua parte de poesia."

Escutemos bem Marc Bloch. Ele não diz: a história é uma arte, a história é literatura. Frisa: a história é uma ciência, mas uma ciência que tem como uma de suas características, o que pode significar sua fraqueza mas também sua virtude, ser poética, pois não pode ser reduzida a abstrações, a leis, a estruturas.

Buscando definir "a utilidade" da história, Marc Bloch encontra então o ponto de vista dos "positivistas" (e, sempre preocupado em distinguir os historiadores peculiares dos historiadores sistemáticos, acrescenta "de estrita observância").

Seria preciso um estudo aprofundado desse termo e de seu uso por Marc Bloch e pelos historiadores dos *Annales*. Hoje em dia ele provoca reticência e até mesmo hostilidade, inclusive em historiadores abertos ao espírito dos *Annales*. Apenas posso esboçar aqui as orientações de uma pesquisa e de uma reflexão. Os historiadores "positivistas" visados por Marc Bloch são marcados pela filosofia "positivista" do final do século XIX, a escola de Augusto Comte — que era uma filosofia ainda dominante através de nuances muitas vezes profundas (pois Renouvier, por exemplo, morto em 1903, muitas vezes qualificado de "positivista", é bem diferente de um simples discípulo de Comte) e que constituía o fundo da ideologia filosófica na França na época em que Marc Bloch era estudante. Mas também elaboraram um pensamento específico no domínio da história, e esse pensamento, que tinha o mérito, que Marc Bloch não lhe negava, de buscar dar fundamentos objetivos, "científicos", à *demarche* histórica, apresentava sobretudo o grande inconveniente, empobrecendo o historicismo alemão do final do século XIX, de limitar a história à "estrita observação dos fatos, à ausência de moralização e de ornamento, à pura verdade histórica" (diagnóstico do americano Adams, desde 1884).

O que Marc Bloch não aceitava em seu mestre Charles Seignobos, principal representante desses historiadores "positivistas", era iniciar o trabalho do historiador somente com a coleta dos fatos, ao passo que uma fase anterior essencial exige do historiador a consciência de que o fato histórico não é um fato "positivo", mas o produto de uma construção ativa de sua parte para transformar a fonte em documento e, em seguida, constituir esses documentos, esses fatos históricos, em problema. Eis o sentido do "positivismo" recriminado nesses historiadores, positivismo que se tinge de utilitarismo quando, em vez de fazerem a história total, eles reduzem o trabalho histórico ao que lhes parece capaz de "servir à ação".

Marc Bloch então apela com força à especificidade, à aparente inutilidade de um esforço intelectual desinteressado. Encontra na disciplina histórica uma tendência própria ao homem em geral — a história, nesse sentido, também é uma ciência humana: "Seria infligir à humanidade uma estranha mutilação recusar-lhe o direito de buscar, fora de qualquer preocupação de bem-estar, o apaziguamento de suas fomes intelectuais."

Aqui aparecem duas palavres-chave para compreender o temperamento de historiador de Marc Bloch. "Mutilação": Bloch recusa uma história que mutilaria o homem (a verdadeira história interessa-se pelo homem integral, com seu corpo, sua sensibilidade, sua mentalidade, e não apenas suas ideias e atos) e que mutilaria a própria história, esforço total para apreender o homem na sociedade e no tempo. "Fome": a palavra já evoca a célebre frase inscrita desde o primeiro capítulo do livro: "O bom historiador se parece com o ogro da lenda. Onde fareja carne humana, sabe que ali está sua caça." Marc Bloch é um faminto, um faminto de história, um faminto de homens dentro da história. O historiador deve ter apetite. É um comedor de homens. Marc Bloch me faz pensar naquele teólogo parisiense da segunda metade do século XII, por sua vez devorador de livros, onde buscava também a vida e a história, Petrus Comestor, Pedro o Comedor.

Embora não seja "positivista" para Marc Bloch, a história não deixa de ser uma ciência, e uma de suas preocupações mais agudas neste livro é o apelo constante às ciências matemáticas, às ciências da natureza, às ciências da vida. Não para daí extrair receitas para a história. Marc Bloch recorreu à estatística (de uso limitado para um medievalista) e pertence ao período anterior à história quantitativa. Mas para indicar a unidade do campo do saber, mesmo com a história já tendo conquistado sua autonomia como paradigma: "Não sentimos mais a obrigação de buscar impor a todos os objetos do conhecimento um modelo intelectual uniforme, inspirado nas ciências da natureza física." Uma mesma condição, todavia, autentica as verdadeiras ciências: "As únicas ciências autênticas são aquelas que conseguem estabelecer ligações explicativas entre os fenômenos." A história portanto, para ter seu lugar entre as ciências, deve propor, "em lugar de uma simples enumeração, ... uma classificação racional e uma progressiva inteligibilidade".

Marc Bloch não pede à história que defina falsas leis, as quais a intrusão incessante do acaso torna impossíveis. Mas não a concebe válida senão penetrada de razão e de inteligibilidade, o que situa sua cientificidade não do lado da natureza, de seu objeto, mas da *démarche* e do método do historiador.

A história deve portanto se colocar numa dupla situação: "o ponto" que, como "cada disciplina", ela "atingiu na curva de seu desenvolvimento" — curva "sempre um pouco entrecortada", pois Marc Bloch recusa um evolucionismo primário — e "o momento do pensamento" geral ao qual os historiadores, a cada época, "se vinculam", "a atmosfera mental" de uma época, não muito distante no fundo do *Zeitgeist*, do "espírito do tempo", de uma linhagem de historiadores alemães.

Nessa marcha rumo à inteligibilidade, porém, a história ocupa um lugar original entre as disciplinas do conhecimento humano. Como a maior parte das ciências, ainda mais que elas, pois o tempo é parte integrante de seu objeto, é "uma ciência em marcha". Para permanecer uma ciência, a história deve se mexer, progredir; mais que qualquer outra, não pode parar.

O historiador não pode ser um sedentário, um burocrata da história, deve ser um andarilho fiel a seu dever de exploração e de aventura. Pois um segundo caráter da história, a respeito do qual os historiadores não meditaram o suficiente a lição de Marc Bloch, é que a história "é também uma ciência na infância". Ela há muito tempo só faz balbuciar, numa pré-história que vai de Heródoto a dom Mabillon — sobre o qual Marc Bloch vai dizer mais adiante que "1681, ano da publicação do *De re diplomatica*, [é] uma grande data ... na história humana", pois essa obra "funda definitivamente a crítica dos documentos de arquivos". Ainda precisamos refletir sobre essa juventude da história, que só se torna matéria de ensino no século XIX, século fundador da história ainda hesitante entre a arte literária e o conhecimento científico. Lição de humildade para o historiador, mas também de confiança e esperança. Para a história, o vento do saber mal se levanta. É a aurora do conhecimento histórico. Onde sempre nos encontramos.

Historiadores, antes de Marc Bloch e também de sua época, resignaram-se a ver na história apenas "uma espécie de jogo estético", e certos especialistas em ciências sociais admitiram "deixar finalmente fora do alcance desse conhecimento dos homens inúmeras realidades demasiado humanas, mas que lhes pareciam desesperadamente rebeldes a um saber racional". Aqui, é preciso ler Marc Bloch com atenção: "Esse resíduo era o que eles chamavam, desdenhosamente, de o *acontecimento*, era também uma boa parte da vida mais intimamente *individual*."[1] O que é visado aqui? "A escola sociológica fundada por Durkheim." Aí está, praticamente desde o início, revelada a importância excepcional que teve, para Marc Bloch e para os primeiros *Annales*, a sociologia de Durkheim. Ele reitera aqui sua dívida. Deve-lhe sobretudo o fato de ter aprendido "a pensar ... menos barato". Eis uma de suas preocupações essenciais, pensar a história, pensar sua pesquisa, pensar sua obra, e não pensar pequeno, pobre, mesquinho. Ele rejeita qualquer prática, qualquer método redutor da história. Mas também, e isso foi uma constante em sua reflexão metodológica, está preocupado em não confundir história e

---

1 Os grifos são meus.

sociologia; ele recusa "a rigidez dos princípios"; mencionará, em certo trecho, a indiferença de Durkheim e de seus discípulos em relação ao tempo.

A influência de Durkheim sobre Marc Bloch e os primeiros *Annales* deverá ser objeto de uma investigação atenta, pois os marcou profundamente, mas também será preciso observar que Marc Bloch sempre resistiu aos encantos da sociologia e, em primeiro lugar, da sociologia durkheimiana. Dialogar com a sociologia, sim; a história precisa dessas trocas com as outras ciências humanas e sociais. Confundir história e sociologia, não. Marc Bloch é historiador e assim quer permanecer. Renovar a história, sim, em particular pelo contato com essas ciências; nelas imergir, não.

Um leitor atento da frase que acabo de citar sobre o acontecimento e o individual teria permitido aos historiógrafos de Marc Bloch e dos *Annales* evitar certos erros de interpretação. O acontecimento recusado por Marc Bloch é aquele desses sociólogos que dele fazem um resíduo desprezível. Mas ele não recusa, em todo caso, o acontecimento (Lucien Febvre teve talvez palavras menos prudentes a esse respeito). Como uma história total poderia prescindir de acontecimentos? Portanto, o que se chama atualmente, segundo Pierre Nora, "o retorno do acontecimento" situa-se na linha direta da concepção de Marc Bloch.

Do mesmo modo, embora dê mais atenção ao coletivo do que ao individual, Marc Bloch não deixa por isso de fazer do indivíduo um dos polos de interesse da história. Ele diz sobre a investigação histórica "que ela deve se voltar de preferência para *o indivíduo*[2] ou para a sociedade" e critica a definição de história de Fustel de Coulanges, a quem não obstante admirava (o "mestre" que reivindica para si, ao lado de Michelet): "a história é a ciência das sociedades humanas", observando que "isso talvez seja reduzir em excesso, na história, a parte do indivíduo". Enfim e sobretudo, uma parte importante do capítulo V, que permaneceu inacabado e sem título definitivo, teria sido dedicada ao indivíduo.

Depois de ter alfinetado Paul Valéry, a quem criticará mais adiante por desconhecer o que é a verdadeira história e justificar a ignorância declarando que a história é "o produto mais perigoso que a química do cérebro já elaborou", define sua concepção da história e o desígnio deste livro.

A história que ele e seus amigos historiadores pretendem é uma "história ao mesmo tempo ampliada e mais aprofundada". À história estreita e superficial dos historiadores "positivistas" ele opõe essa vontade de ampliação e aprofundamento do domínio da história. Ampliar e aprofundar é o essencial do movimento que continua, ainda hoje, a animar os historiadores tocados pelo espírito dos *Annales*. "Novos problemas, novas abordagens, novos objetos", eis o triplo alcance que

---

2   O grifo também é meu.

pedimos, na esteira de Marc Bloch, Pierre Nora e eu próprio, a um grupo de historiadores para definir, em 1974, na coletânea *Faire de l'histoire*. Resta aprofundar ainda mais, pois se as pesquisas sobre as mentalidades e as sensibilidades esboçaram essa descida dos historiadores às profundezas da história, há ainda muito a fazer. A psicanálise, cautelosamente evocada por Marc Bloch aqui e ali neste livro, e em *A sociedade feudal*, não encontrou eco verdadeiro na reflexão dos historiadores. Alphonse Dupront, recém-falecido, "historiador das profundezas" cuja obra em parte ainda inédita se situa nas margens da influência de Marc Bloch e dos *Annales*, permanece relativamente isolado, e as tentativas de história psicanalítica de Alain Besançon e de Michel de Certeau, a quem os *Annales* dos anos 70 haviam oferecido uma coluna, permanecem sem posteridade. A psico-história americana, malgrado a abertura de pistas interessantes, não se impôs.

Quanto ao desígnio do livro, a defesa e ilustração da ciência história, situa-se no nível do ofício: "dizer como e por que um historiador pratica seu ofício", redigir "o memento de um artesão", a "caderneta de anotações de um colega". Sobre a erudição do século XIV, diz mais adiante para elogiá-la: através dela, "o historiador foi levado de volta à sua mesa de trabalho". Historiador do mundo rural, sob cuja pena correm facilmente as referências e as metáforas da vida agrária, compara também o bom historiador ao "bom lavrador" segundo Péguy, que "ama o trabalho e a semeadura assim como as colheitas". Termo ainda mais pascaliano de um caçador, de um pesquisador, que prefere a busca à presa.

Duas confidências vêm completar essa introdução. Em uma delas, Marc Bloch declara não ter a cabeça filosófica. Vê humildemente uma "lacuna em sua formação inicial". Podemos ver aí, também e sobretudo, uma característica tradicional dos historiadores franceses. Em sua maioria, eles não têm — prudência ou falha? — gosto pela filosofia em geral e pela filosofia da história em particular. Este livro é um tratado de método, não um ensaio de filosofia histórica.

Marc Bloch, porém, que não detesta nada tanto quanto a preguiça e a passividade de espírito, não quer se limitar a dizer o que é a história e como é feita e escrita: "Há (em meu livro), confesso, uma parte de programa." É uma introdução e um guia para a história a ser feita.

▲ ▲ ▲

Fazendo inteiramente meus os comentários, evidentemente mais autorizados que os meus, de Lucien Febvre — "É preciso lamentar profundamente a ausência de notas mais precisas e mais detalhadas de Bloch sobre [as] últimas partes de seu livro. Elas estariam entre as mais originais" —, vou me contentar agora em assinalar o que me parece mais importante no corpo do livro.

Em primeiro lugar, a definição de história.

A história é busca, portanto escolha. Seu objeto não é o passado: "A própria noção segundo a qual o passado enquanto tal possa ser objeto de ciência é absurda." Seu objeto é "o homem", ou melhor, "os homens", e mais precisamente "homens no tempo".

Reúno aqui as passagens mais importantes, a meu ver, sobre esse tempo da história ao qual Marc Bloch primeiramente pensara consagrar um capítulo especial. O tempo é o meio e a matéria concreta da história: "Realidade concreta e viva, submetida à irreversibilidade de seu impulso, o tempo da história ... é o próprio plasma em que se engastam os fenômenos e como o lugar de sua inteligibilidade." (p.55) O tempo da história oscila entre o que Fernand Braudel chamará "a longa duração" e essa cristalização, que Marc Bloch prefere chamar o "momento" em vez de o acontecimento e onde coloca como mediadora a "tomada de consciência": "O historiador nunca sai do tempo ..., considera nele ora as grandes ondas de fenômenos aparentados que atravessam, longitudinalmente, a duração, ora o momento humano em que essas correntes se apertam no poderoso nó das consciências." (p.135) Quaisquer que sejam os progressos de uma unificação da medida do tempo, o tempo da história escapa à uniformidade: "O tempo humano ... permanecerá sempre rebelde tanto à implacável uniformidade como ao seccionamento rígido do tempo do relógio. Faltam-lhe medidas adequadas à variabilidade de seu ritmo e que, como limites, aceitem frequentemente, porque a realidade assim o quer, apenas zonas marginais. É apenas ao preço dessa plasticidade que a história pode esperar adaptar, segundo as palavras de Bergson, suas classificações às 'próprias linhas do real': o que é, propriamente, a finalidade última de toda ciência." (p.153)

Observemos, a propósito, a referência a Bergson. O pensamento de Marc Bloch é convergente com o de Bergson, filosofia da duração e da fluidez do pensamento e da vida.[3]

A história, ciência do tempo e da mudança, coloca a cada instante delicados problemas para o historiador; por exemplo, para seu "grande desespero, ... os homens não costumam mudar de vocabulário a cada vez que mudam de hábitos".

Essa concepção do tempo implica a renúncia ao "ídolo das origens", "à obsessão embriogênica", à ociosa ilusão segundo a qual "as origens são um começo que se explica", à confusão entre "filiação" e "explicação". E Marc Bloch explica aqui — fato essencial para a história da Europa e do Ocidente — que "o cristianismo ... é por essência uma religião histórica", o que lhe permite ligar o que se separa com muita frequência na realidade histórica: "uma profusão de traços convergentes, seja de estrutura social, seja de mentalidade".

---

3 *L'Évolution créatrice* é de 1907, *Durée et simultanéité* de 1922, *La Pensée et le mouvant* de 1914.

Uma vez depositada no cemitério dos sonhos antigos a pergunta agora ociosa, a história "é 'ciência' ou 'arte'?", o medievalista Bloch investe no essencial. Primeiro, referenciar o presente, que prefere chamar "o atual", definindo o que se denomina atualmente "a aceleração da história"; fornece desta última um exemplo concreto cuja formulação esboça ao mesmo tempo um problema e um caminho de investigação explicativa: "A partir de Leibniz, a partir de Michelet, um grande fato se produziu: as sucessivas revoluções das técnicas alargaram desmedidamente o intervalo psicológico entre as gerações." Em seguida, considerar "o presente humano" como "perfeitamente suscetível de conhecimento científico" e não reservar seu estudo a disciplinas "bem distintas" da história: sociologia, economia, jornalismo ("publicistas", diz Marc Bloch), mas ancorá-lo na própria história. Daí os limites e a impotência dos historiadores pusilânimes que temem o presente, os que "almejam poupar à casta Clio contatos demasiado ardentes", os que ele chama de "antiquários", encerrados em uma concepção passadista da história, ou os eruditos, incapazes de passar da coleta de dados à explicação histórica, o que não é desqualificar, ao contrário, a erudição, que todo historiador deve praticar, mas na qual não deve se encerrar. Mas "o erudito que não tem gosto por olhar em torno de si, nem os homens, nem as coisas, nem os acontecimentos ... agiria sensatamente se renunciasse ao título de historiador".

O presente bem referenciado e definido dá início ao processo fundamental do ofício de historiador: "compreender o presente pelo passado" e, correlativamente, "compreender o passado pelo presente".

A elaboração e a prática de "um método prudentemente regressivo" são um dos legados essenciais de Marc Bloch, e essa herança tem sido até agora muito insuficientemente recolhida e explorada. A "faculdade de apreensão do que é vivo ..., qualidade suprema do historiador", não se adquire e exerce senão "por um contato perpétuo com o hoje". A história do historiador começa a se fazer "às avessas".

Então o historiador poderá capturar sua presa, a "mudança", entregar-se com eficiência ao comparativismo histórico e empreender "a única história verdadeira ... a história universal". Eu preferiria, no que me diz respeito, dizer com Michel Foucault, a história geral. Daí três afirmações que são ao mesmo tempo exortações:

"A ignorância do passado não se limita a prejudicar o conhecimento do presente, comprometendo, no presente, a própria ação" constitui a primeira. Além de ao historiador, Marc Bloch se dirige a todos os membros da sociedade e em primeiro lugar àqueles que pretendem guiá-la. Ainda hoje não parece ter sido bem compreendido.

A segunda é "O homem também mudou muito: em seu espírito e, sem dúvida, até nos mais delicados mecanismos de seu corpo. Sua atmosfera mental transformou-se profundamente; não menos sua higiene, sua alimentação." Daí a legitimidade do estudo das mentalidades como objeto da história, mas também o apelo, sempre atual, ao estudo da história do corpo, seguindo-se o que Marc Bloch chama em outro trecho de "as aventuras do corpo". Mas acrescenta: "Decerto é preciso, todavia, que exista na natureza humana e nas sociedades humanas um fundo permanente, sem o qual os próprios nomes 'homem' e 'sociedade' nada significariam." Como exprimir melhor a legitimidade, a própria necessidade, de uma antropologia histórica que atualmente faz progressos, apesar das recriminações dos tradicionalistas?

Enfim, essa história ampla, profunda, longa, aberta, comparativa não pode ser realizada por um historiador isolado: "A vida é muito breve." "Isolado, nenhum especialista nunca compreenderá nada senão pela metade, mesmo em seu próprio campo de estudos." A história "só pode ser feita com uma ajuda mútua". O ofício de historiador se exerce numa combinação do trabalho individual e do trabalho por equipes. O movimento da história e da historiografia levou uma grande parte dos historiadores a abandonar sua torre de marfim.

Assim delimitados, sem outras fronteiras senão as dos homens e do tempo, seu domínio e sua *démarche*, o historiador pode sentar-se à sua mesa de trabalho. Seu primeiro trabalho será a "observação histórica" (capítulo II). Ele não deve ignorar "a imensa massa dos testemunhos não escritos", aqueles da arqueologia em particular. Deve portanto deixar de ser, "na ordem documentária, obcecado pelo relato, assim como, na ordem dos fatos, pelo acontecimento". Mas deve também se resignar a não poder compreender tudo do passado, a utilizar "um conhecimento através de pistas", a recorrer a procedimentos de "reconstrução", dos quais "todas as ciências oferecem inúmeros exemplos". Mas se "o passado é, por definição, um dado que nada mais modificará ..., o conhecimento do passado é uma coisa em progresso que se transforma e aperfeiçoa incessantemente". A respeito de um ponto muito importante, o conhecimento das mentalidades individuais, os historiadores dos períodos antigos, incluindo a Idade Média, estão desarmados, pois não possuem "nem cartas privadas, nem confissões" e essa época nos legou, no máximo, apenas "péssimas biografias em estilo convencional". Resulta daí que "toda uma parte de nossa história afeta necessariamente o aspecto, um pouco exangue, de um mundo sem indivíduo".

É preciso escutar o honesto Marc Bloch, que aconselha ao historiador saber dizer "não sei, não posso saber"; nesse ponto, porém, acho-o um pouco pessimista. Os historiadores das épocas remotas, e sobretudo da Idade Média, buscam atualmente escrever biografias que respondem a métodos rigorosos, porém mais sofisticados, de reconstituição das vidas, ao menos das dos homens ilustres do passado, e a história do indivíduo nesses tempos antigos deveria beneficiar pesquisas atuais ligadas ao "retorno do sujeito" em filosofia e nas ciências sociais, retorno que não deixa indiferentes os historiadores.

Aliás, em sua busca dos testemunhos, o medievalista, segundo Marc Bloch, deverá interrogar por exemplo a vida dos santos, que ele achará "de um valor inestimável" quanto às informações que fornecem "sobre as maneiras de viver ou de pensar (título de um capítulo memorável de *A sociedade feudal*) específicas das épocas em que foram escritas". Mas, ao fazê-lo, não deverá esquecer, como muitos medievalistas, mesmo depois de Marc Bloch, que trata-se aí de "coisas que o hagiógrafo não tinha o menor desejo de nos expor".

O essencial é enxergar que os documentos e os testemunhos "só falam quando sabemos interrogá-los ...; toda investigação histórica supõe, desde seus primeiros passos, que a investigação já tenha uma direção". A oposição aqui é nítida em relação às concepções dos historiadores ditos "positivistas", mas Marc Bloch nesse ponto vai ao encontro de um matemático célebre, Henri Poincaré, que refletira sobre suas práticas científicas e as de seus confrades, demonstrando que toda descoberta científica é produzida a partir de uma hipótese prévia. Poincaré havia publicado *A ciência e a hipótese* em 1902.

Outra ilusão de certos eruditos: "imaginar que a cada problema histórico corresponde um tipo de documento, específico para esse uso". A história só é feita recorrendo-se a uma multiplicidade de documentos e, por conseguinte, de técnicas: "poucas ciências, creio, são obrigadas a usar, simultaneamente, tantas ferramentas dessemelhantes. É que os fatos humanos são, em relação a todos os outros, complexos. É que o homem se situa na ponta extrema da natureza." Daí essa oposição: "É bom, a meu ver indispensável, que o historiador possua ao menos um verniz de todas as principais técnicas de seu ofício." Vemos aqui como Marc Bloch vai mais longe na concepção das "ciências auxiliares da história" do que a maioria dos historiadores tradicionais. Sua utilização não deve ser feita numa fragmentação das especializações. Aqui também se faz necessário um recurso global, total, às técnicas de coleta e de tratamento dos documentos.

Mas como organizar o procedimento e a exploração dessa observação histórica? Através do estabelecimento de guias técnicos, inventários, catálogos e repertórios, e aqui Marc Bloch encontra o grande trabalho de erudição a partir de du Cange e dom Mabillon (para os medievalistas), o grande trabalho do século XIX; porém não atribui a esse aparato técnico o mero papel passivo de um tesouro a explorar, mas a função de um viveiro a serviço das questões a serem levantadas diante dos documentos e da história.

Marc Bloch também está atento à transmissão dos testemunhos, aos encontros entre historiadores (ele próprio e Lucien Febvre foram assíduos nos grandes congressos internacionais das ciências históricas nos anos 20 e 30), às "trocas de informações", a tudo o que chamaríamos hoje de *comunicação* em história. Mas vai mais longe.

Ele almeja em primeiro lugar um acordo da comunidade dos historiadores para definir "previamente, por comum acordo, alguns grandes problemas dominantes" e, além disso, espera que "as sociedades consentirão enfim em se organizar racionalmente, com sua memória, com seu conhecimento de si próprias".

Estamos aqui em plena atualidade. Que objeto atualmente suscita mais a investigação e a reflexão dos historiadores, em colaboração com outros especialistas das ciências humanas e sociais, do que a investigação da memória coletiva, base da busca de identidade? Marc Bloch provavelmente evocava aqui os trabalhos de seu colega sociólogo de Estrasburgo, Maurice Halbwachs, cujo *Estruturas sociais da memória* havia sido publicado em 1925.

Eis um outro objetivo ainda não plenamente alcançado na atualidade: o relato, por parte do historiador, dos problemas e da história de sua investigação: "Todo livro de história digno desse nome deveria incluir um capítulo ou, caso se prefira, inserida nos pontos de reviravolta do desenvolvimento, uma sequência de parágrafos que se intitularia algo como: 'Como posso saber o que vou dizer?'. Estou convencido de que, ao tomar conhecimento dessas confissões, mesmo os leitores que não são do ramo sentiriam um verdadeiro prazer intelectual. O espetáculo da investigação, com seus sucessos e reveses, é raramente tedioso. É o 'tudo pronto' que espalha gelo e tédio." Que modernidade de tom e de ideias!

Depois da observação, "a crítica" (capítulo III). Marc Bloch esboça sua história e designa seu momento decisivo, o século XVII: "A doutrina de pesquisas foi elaborada apenas ao longo desse século XVII, cuja verdadeira grandeza nem sempre ocupa o lugar merecido, e sobretudo por volta de sua segunda metade." Eis as datas de nascimento dos três grandes nomes da crítica histórica: o jesuíta Paperbroeck, fundador da hagiografia científica e da congregação dos bollandistas*, nascido em 1628; dom Mabillon, o beneditino de Saint-Maur, fundador da diplomática, nascido em 1632; Richard Simon, o oratoriano que marca os primórdios da exegese bíblica crítica, nascido em 1638. E por trás deles, pois Marc Bloch está sempre preocupado em situar a história em um momento de pensamento, dois grandes filósofos, Espinosa, nascido em 1632, e Descartes, cujo *Discurso do método* é publicado em 1637.

Mas a crítica histórica enrosca-se numa erudição rotineira que se priva "dessa surpresa sempre renascente que a luta com o documento é a única a proporcionar". Faço questão de citar essas frases que mostram que, para Marc Bloch, o ofício de historiador é fonte de prazer. Marc Bloch fustiga ao mesmo tempo "o esoterismo rebarbativo" (que alegria ler, repito, distante de qualquer jargão, o estilo simples e límpido de *Apologia da história*!), o "triste manual" e "os falsos brilhan-

---

* Os bollandistas, em sua maioria jesuítas, eram membros de uma sociedade que, a partir do século XVII, passou a trabalhar na pesquisa da vida dos santos, classificados por dia. O nome vem de Jean de Bolland. (N.T.)

tes de uma história pretensiosa, tristemente ilustrada por Maurras, Bainville ou Plekhanov". Marc Bloch encontra então um tom carinhoso para falar de "nossas humildes observações, nossas pequenas e escrupulosas referências".

Marc Bloch estende-se longamente sobre um problema caríssimo a ele, o da "busca do erro e da mentira", dos quais teve a experiência não apenas em seu trabalho de historiador, mas também em sua vida de homem e de soldado, através das falsas notícias da Grande Guerra. Experiência que o marcou a ponto, como observamos Carlo Ginzburg e eu próprio[4], de ter influenciado sua pesquisa sobre os *Reis taumaturgos*, beneficiários da credulidade popular, que acreditou, durante séculos, no poder dos reis da França e da Inglaterra de curar os escrofulosos. Marc Bloch desfia então minuciosamente as condições históricas dos tipos de sociedades sujeitas, como a do Ocidente medieval, a crer não no que se via na realidade, mas naquilo que, em uma certa época, "achava-se natural ver".

E saúda o nascimento de uma disciplina "quase nova": a psicologia dos testemunhos (a reflexão de Marc Bloch se pauta incessantemente pelas possibilidades que a psicologia pode oferecer ao historiador), disciplina que se desenvolveu e que inspirou claramente um grande colóquio realizado recentemente em Munique e uma importante publicação sobre "As falsificações da Idade Média" (*Fälschungen im Mittelalter*).

Marc Bloch desenvolve "uma tentativa de uma lógica do método crítico" que lhe permite recolocar novamente, com características próprias, a história no conjunto "das ciências do real": "limitando sua responsabilidade pela segurança em dosar o provável e o improvável, a crítica histórica não se distingue da maioria das outras ciências do real senão por um escalonamento dos graus sem dúvida mais nuançado".

Assim, sempre sensível à unidade do conhecimento, Marc Bloch pode afirmar: "o advento de um método racional de crítica aplicado ao testemunho humano" foi "um ganho imenso ... não só para o conhecimento histórico, mas para o conhecimento *tout court*".

O capítulo desemboca em "horizontes bem mais vastos: a história tem o direito de contar entre suas glórias mais seguras o fato de ter, ao elaborar sua técnica, aberto aos homens uma estrada nova rumo à verdade e, por conseguinte, à justiça".

Marc Bloch, que detesta os historiadores que "julgam" em lugar de compreender, não deixa por isso de enraizar mais profundamente a história na verdade e na moral. A ciência histórica se consuma na ética. A história deve ser verdade; o historiador se realiza como moralista, como justo. Nossa época, desesperadamen-

---

4 No prefácio à tradução italiana de *Os reis taumaturgos* (1973) e no da terceira edição francesa (1983).

te em busca de uma nova ética, deve admitir o historiador entre aqueles que procuram a verdade e a justiça não fora do tempo, mas no tempo.

Compreender portanto, e não julgar. Eis o objetivo da "análise histórica" pela qual começa o verdadeiro trabalho do historiador depois da observação e da crítica histórica prévias (capítulo IV). Marc Bloch, sempre preocupado em evitar qualquer ociosidade do espírito, esclarece que "compreender nada tem de uma atitude de passividade". O historiador "escolhe e peneira", "organiza racionalmente uma matéria" cuja receptividade passiva "só levaria a negar o tempo; por conseguinte, a própria história". O vínculo entre ordenamento racional, tempo e história é perfeitamente reafirmado. Mais que isso, essa *démarche* racional identifica-se com a ordem do tempo e com a natureza da história.

Essa análise dedica-se particularmente a referenciar as "ligações comuns a um grande número de fenômenos sociais", "às constantes interpretações", sem esquecer as "defasagens" que conferem à "vida social ... seu ritmo quase sempre contrastante" e, abrindo caminho para um Paul Veyne ou um Michel Foucault — que buscam definir estilos em história —, Marc Bloch propõe a tonalidade que pode, por exemplo, caracterizar "a atitude mental de um grupo". Sensível a essa trama, a essa rapsódia da história, Marc Bloch detecta bem essa falta de autonomia das histórias particulares e, mais especificamente, da história econômica. Isso vale sobretudo para a Idade Média, que não tinha conceito para a economia e que não se contentou "em fazer coexistir o religioso com o econômico", mas "entrelaçou-os". Marc Bloch apontava assim o que o economista Karl Polanyi (morto em 1964) ia chamar de economia "engastada" (na religião da moral ou da política) nas sociedades arcaicas e antigas.

É preciso ler Marc Bloch com atenção nesse ponto. Pois os ciosos guardiães de sua memória, ainda mais ciosos na medida em que não são os verdadeiros discípulos, consideram "traição" quando um historiador que invoca, com todos os motivos, a autoridades dos *Annales* em lugar da história "global" ou "total" recorta na história um objeto particular. Ora, Marc Bloch escreve: "Nada mais legítimo, nada mais constantemente salutar do que centrar o estudo de uma sociedade em um de seus aspectos particulares, ou, melhor ainda, em um dos problemas precisos que levantam este ou aquele desses aspectos: crença, economia, estrutura das classes ou dos grupos, crises políticas."

Um aspecto importante da análise histórica é o do vocabulário, da terminologia, da "nomenclatura". Marc Bloch demonstra como o historiador deve conduzir sua análise com o auxílio de uma dupla linguagem, a da época estudada, o que lhe permite evitar o anacronismo, mas também a do aparato verbal e conceitual da disciplina histórica atual: "Estimar que a nomenclatura dos documentos possa bastar completamente para fixar a nossa seria o mesmo, em suma, que admitir que eles nos trazem a análise toda pronta." Encontramos aí essa saudável fobia da passividade. Mas o historiador, se não tem o fetichismo da etimologia ("uma palavra vale bem menos por sua etimologia do que pelo uso que se faz dela"), se dedicará ao estudo dos sentidos, à "semântica histórica", cujo renascimento hoje é preciso buscar. E se resignará com que palavras mal escolhidas, temperadas com os mais diversos molhos, esvaziadas de sentido pela história, continuem a fazer parte de seu vocabulário: assim, "feudalismo", "capitalismo", "Idade Média". Pelo menos esses conceitos têm o mérito de desvencilhar a história de uma classificação por "hegemonias de natureza diplomática e militar". Marc Bloch lembra que Voltaire já havia bradado seu protesto: "Parece que, de 1.400 anos para cá, não houve nas Gálias senão reis, ministros e generais."

A época da história dividida por reinados está pouco a pouco se acabando, mas a da tirania abusiva dos séculos — divisões artificiais, em todo caso — continua, e como nos livrar de "feudalismo", de "capitalismo" e de "Idade Média"?

É preciso voltar à ideia central desse capítulo, a das imbricações dos componentes das sociedades humanas mergulhadas na história: "reconhecemos que, numa sociedade, qualquer que seja, tudo se liga e se controla mutuamente: a estrutura política e social, a economia, as crenças, tanto as manifestações mais elementares como as mais sutis da mentalidade". E aqui Marc Bloch tira o chapéu para um dos grandes ancestrais da história nova, Guizot, que falou de um complexo "na direção do qual todos os elementos da vida do povo, todas as forças de sua existência vêm confluir". Esse complexo, "como chamá-lo"? Marc Bloch sugere uma palavra (e uma ideia) cuja história foi feita por Lucien Febvre: "civilização". Não negarei seu interesse, mas devo constatar, não sem lamentar, que hoje ela está praticamente confinada à língua e à civilização francesas. Em outros lugares "cultura" triunfa, o que não é a mesma coisa e não se situa no mesmo nível de qualidade. Sinal dos tempos, provavelmente, que condenam a civilização por seu elitismo e que a recusam em prol da cultura de massa, invadindo um campo histórico que ela torna menos humano, mais material. A luta de Fernand Braudel querendo substituir "civilização material" por "cultura material" também parece perdida. Será preciso se resignar a essa inumanidade?

Marc Bloch não pôde concluir — seu trabalho tendo sido interrompido pelo engajamento ativo na Resistência e o fio de sua vida cortado pelas balas do pelotão inimigo em 1944 — o capítulo V, que sem dúvida teria sido sobre "a explicação em história". Apenas o início sobre "a noção de causa" foi redigido. Marc Bloch também deixa nele algumas mensagens de grande importância:

- Em primeiro lugar, um novo protesto contra "o positivismo", que "pretendeu eliminar da ciência a ideia de causa"; mas também a condenação da tentativa de redução do problema das causas em história a um problema de motivos e a recusa da "banal psicologia". Recusa a ser meditada, pois sob a via régia, demasiado régia, das mentalidades corre o rio de uma vulgar psicologia.
- Depois, a designação de um novo ídolo a ser banido da problemática do historiador: "a superstição da causa única". A condenação é inapelável: "precon-

ceito do senso comum, postulado de lógico, um tique de magistrado instrutor, o monismo da causa, para a explicação histórica, não é senão um estorvo." A vida, portanto a história, é múltipla em suas estruturas, em suas causas.

• Marc Bloch aponta, a esse propósito, um outro "erro", "aquele no qual se inspirava o pseudodeterminismo geográfico, hoje definitivamente arruinado". E acrescenta: "O deserto, seja lá o que tenha dito Renan sobre isso, não é necessariamente monoteísta." Não estou seguro de que esse cadáver não se mexa ainda. Não faz muito tempo, espíritos conformados ainda se deslumbravam com as elucubrações (sobre as quais sabemos atualmente, além disso, que não eram isentas de um certo ranço racista) de um André Siegfried, cuja geografia eleitoral fantasiosa da França parecia sempre carregada de seduções. Não, o granito não vota.

Chega agora o doloroso momento em que a frase não termina, em que a página se torna inexoravelmente branca... Mas o fim é belo: "Resumindo tudo, as causas, em história como em outros domínios, não são postuladas. São buscadas." O livro interrompido conclui-se com uma palavra de homem de ofício, de pesquisador, mas também com uma tonalidade pascaliana.

▲ ▲ ▲

Diz-se comumente hoje em dia — sobretudo entre aqueles que não os apreciam — que Marc Bloch e os *Annales* triunfaram e que sua concepção da história conquistou a ciência histórica; mas este é um pretexto para relegar sua lição e seu exemplo ao museu das antiguidades historiográficas. Essa afirmação errônea ou maliciosa esconde duas verdades.

A primeira é que, se Marc Bloch e os *Annales* tiveram uma influência decisiva na renovação da história, essa renovação foi limitada sobretudo a aspectos essenciais de suas orientações, como a concepção da história-problema ou da história interdisciplinar.

A segunda é que um livro como este conserva uma grande parte de sua novidade, de sua necessidade, e que é preciso reencontrar sua eficácia.

Sobre a complexidade do tempo histórico, sobre a necessidade da explicação histórica, sobre a natureza da história do presente, sobre as relações entre presente e passado, sobre "o ídolo das origens", sobre a noção de "causa" em história, sobre a natureza e a construção do fato histórico, sobre o papel da tomada de consciência, o tratamento do "acaso" e as formas da mentira e do erro em história, sobre o discurso histórico, sobre as maneiras legítimas de fazer história, sobre a definição de uma busca necessária da "verdade" histórica (sob o pretexto de não ser enganado pela artificialidade da história, a qual ela partilha com todas as ciências, pois só existe conhecimento a esse preço, quis-se negar a existência de uma verdade histórica para se entregar a uma prática pretensamente nietzschiana de um jogo histórico com regras arbitrárias), sobre a exigência de uma ética da história e do historiador — é preciso partir de novo deste livro. E se Marc Bloch guardou segredo sobre sua concepção da atitude do historiador em face do futuro, legou-nos este problema como herança imperativa.

▲ ▲ ▲

Retorno a Marc Bloch, então? Sem dúvida alguma, este será um dos mais fecundos entre aqueles que não raro são apenas modas que mal dissimulam um retorno a uma pré-história historiográfica. Mas evidentemente escutando também o conselho de Marc Bloch: "Permanecerei, portanto, fiel a suas lições criticando-as ali onde julgar útil, muito livremente, como desejo que um dia meus alunos, por sua vez, me critiquem." Este livro, com efeito, não é um ponto de chegada, mas um ponto de partida.

O que podem pensar hoje um historiador, um professor de história, um estudante, um diletante da história (e qualquer mulher, qualquer homem deve, no espírito de Marc Bloch, ser diletante, talvez até mesmo amante da história) sobre esta obra?

Trata-se em primeiro lugar da obra de um indivíduo inteligente e sensível, homem e cidadão assim como professor e historiador, tomado de certeza mas consciente da juventude incerta da ciência histórica, carregado de uma erudição ampla e profunda mas pronto para as aventuras intelectuais, tendo fome de saber, de compreensão e de explicação. É também a obra de um historiador, nascido em 1886, formado no seio de uma família universitária judia e dreyfusista, insatisfeito com a estreiteza e a superficialidade da concepção, da prática e do ensino da história na França do início do século XX e que, através de seu encontro com Lucien Febvre, tornou-se um dos grandes atores da renovação da história entre as duas guerras, por sua obra, seu ensino e a influência dos *Annales*, dos quais foi, como dissemos, cofundador. Um filho espiritual de Michelet e de Fustel de Coulanges, reunindo assim o melhor da historiografia europeia no final do século XIX e no início do século XX, um leitor de Marx, de Durkheim, de Simiand sempre pronto a escutar aquelas de suas mensagens que aprofundam e confortam a história, a resistir igualmente ao que em suas análises elimina o tempo real da história e os homens concretos que a experimentam, mas também a fazem, até os atores anônimos das profundezas. Como teria definido a si próprio, um filho de sua época, mais ainda que de seu pai. E essa época é a III República, as duas guerras mundiais que Marc Bloch "fez" e intensamente viveu como cidadão, como soldado e como historiador.

Obra desse Marc Bloch individual e coletivo, *Apologia da história* é também o produto de um momento. O da França vencida, prostrada na derrota, na Ocupação e na infâmia de Vichy, mas onde Marc Bloch capta os primeiros frêmitos de uma esperança, tanto de uma libertação da história, que é preciso ajudar na resistência ativa, como de um progresso da ciência histórica, que é preciso esclarecer escrevendo este livro. Assim como o historiador belga Henri Pirenne — grande mestre e cúmplice aqui citado com frequência, colocado em prisão domiciliar vigiada pelos alemães durante a I Guerra Mundial — ali escreve uma pioneira *História da Europa*, assim como no mesmo momento, em um campo de prisioneiros na Alemanha, Fernand Braudel elabora sua tese sobre *O Mediterrâneo e o mundo mediterrâneo na época de Filipe II* (1949).

Este livro inacabado é um ato completo de história.

JACQUES LE GOFF

Para uso do leitor

Nesta obra foram utilizados certos sinais que buscam refletir, o mais fielmente possível, os textos originais. Assim:

.... indicam que uma ou várias palavras dos manuscritos de Marc Bloch são indecifráveis. Caso se trate de várias palavras, isso é mencionado.

/ separa as palavras, os grupos de palavras e membros de frases na ausência de pontuação nas folhas manuscritas.

[ ] indicam palavras ou passagens acrescentadas em relação a uma redação anterior de Marc Bloch (primeira redação ou redação intermediária quando não existe primeira redação).

] [indicam palavras ou passagens suprimidas em relação às redações anteriores de Marc Bloch.

[1] os números sobrescritos remetem a notas de rodapé de Étienne Bloch.

* os asteriscos remetem a notas de tradução.

IN MEMORIAM MATRIS AMICAE

A dedicatória a Lucien Febvre

A LUCIEN FEBVRE
À guisa de dedicatória

Caso um dia este livro seja publicado; se, de simples antídoto, ao qual, entre as piores dores e as piores angústias, pessoais e coletivas, peço neste momento um pouco de paz de espírito, tornar-se para sempre um verdadeiro livro, oferecido para ser lido: um outro nome que não o seu, caro amigo, será então inscrito na folha de rosto. Você sabe disso, era preciso este nome neste lugar: única evocação permitida a uma ternura demasiado profunda e sagrada para ser mencionada. Entretanto, como iria resignar-me a vê-lo surgir apenas ao acaso de algumas referências (muito pouco numerosas, de resto)[1]? Combatemos longamente, em conjunto, por uma história maior e mais humana. A tarefa comum, no momento em que escrevo, decerto sofre ameaças. Não por nossa culpa. Somos os vencidos provisórios de um injusto destino. Tempo virá, estou certo, em que nossa colaboração poderá verdadeiramente[2] ser retomada: pública, como no passado, e, como no passado, livre. Por ora, é nestas páginas, todas repletas de sua presença, que, de minha parte, ela prosseguirá. Manterá com isso o ritmo, que foi sempre o seu, de um acordo fundamental, vivificado, na superfície, pelo proveitoso jogo de nossas afetuosas discussões. Entre as ideias que proponho sustentar, mais de uma, seguramente, vem diretamente de você. Muitas outras, não saberia decidir em toda consciência se são suas, minhas, ou de nós ambos. Você aprovará, gabo-me disso, muitas vezes. Em outras me repreenderá. E tudo isto criará, entre nós, um vínculo a mais[3].

Fougères (Creuse), 10 de maio de 1941

---

1   Essas palavras entre parênteses, objeto de uma remissão, parecem ter sido mantidas, ao passo que a sequência foi riscada, seja por Marc Bloch, seja por outra mão. Eis aqui o texto: "na medida em que o exigiu a estrita equidade; pois é quase a cada passo que é preciso citá-lo, tanto suas declarações familiares como seus escritos; mas para ser justo seria preciso estendê-las até suas declarações familiares."
2   Lucien Febvre substituiu essa palavra [*véritablement*] pelo advérbio *"vraiment"*.
3   Existem dois textos da Dedicatória, ambos redigidos pela mão de Marc Bloch: um, o original, que reproduzimos aqui, e outro copiado em uma folha anexada a uma carta a Lucien Febvre datada de 17 de agosto de 1942. Lucien Febvre escolheu publicar esse segundo texto, o qual não comporta nem o parêntese "(muito pouco numerosas, de resto)", nem a vírgula antes de "um vínculo a mais".

Introdução

"Papai, então me explica para que serve a história." Assim um garoto, de quem gosto muito, interrogava há poucos anos um pai historiador. Sobre o livro que se vai ler, gostaria de poder dizer que é minha resposta. Pois não imagino, para um escritor, elogio mais belo do que saber falar, no mesmo tom, aos doutos e aos escolares. Mas simplicidade tão apurada é privilégio de alguns raros eleitos. Pelo menos conservarei aqui de bom grado essa pergunta como epígrafe, pergunta de uma criança cuja sede de saber eu talvez não tenha, naquele momento, conseguido satisfazer muito bem. Alguns, provavelmente, julgarão sua formulação ingênua. Parece-me, ao contrário, mais que pertinente. O problema que ela coloca, com a incisiva objetividade dessa idade implacável, não é nada menos do que o da legitimidade da história[1].

Eis portanto o historiador chamado a prestar contas. Só se arriscará a isso com certo estremecimento interior: que artesão envelhecido no ofício não se pergun-

---

1 Nota de Marc Bloch: "A respeito do que oponho-me, desde o início e sem o ter buscado, à *Introdução aos estudos históricos* de Langlois e Seignobos. A passagem que se acaba de ler já estava escrita há muito tempo, quando me caiu sob os olhos, na Advertência dessa obra (p.XII), uma lista de 'perguntas ociosas'. Ali consta, textualmente, a seguinte: 'Para que serve a história?' Sem dúvida ocorre com esse problema o mesmo que com quase todos os que concernem às razões de ser de nossos atos e nossos pensamentos: os espíritos que lhes permanecem, por natureza, indiferentes, ou que voluntariamente decidiram por tal postura, dificilmente compreendem que outros espíritos vejam nisso o tema de reflexões apaixonantes. Entretanto, uma vez que a ocasião me é assim oferecida, vale mais, creio, fixar desde já minha posição a respeito de um livro justamente notório, ao qual o meu, aliás, construído sobre outro plano e, em certas de suas partes, muito menos desenvolvido, não pretende de forma alguma substituir. Fui aluno desses dois autores e, especialmente, do sr. Seignobos. Deram-me, ambos, preciosas demonstrações de sua boa vontade. Meus primeiros estudos deveram muito a seu ensino e a sua obra. Mas ambos não nos ensinaram apenas que o historiador tem como primeiro dever ser sincero; tampouco dissimulavam que o próprio progresso de nossos estudos é feito da contradição necessária entre as gerações sucessivas de trabalhadores. Permanecerei portanto fiel às suas lições criticando-as, ali onde julgo ser útil, bastante livremente, como desejo que um dia meus alunos, por sua vez, me critiquem."

tou algum dia, com um aperto no coração, se fez de sua vida um uso sensato? Mas o debate supera, em muito, os [pequenos] escrúpulos[2] de uma moral corporativa. Nossa civilização ocidental inteira está interessada nele.

Pois, diferentemente de outros tipos de cultura, ela sempre esperou muito de sua memória. [Tudo a levava a isso: tanto a herança cristã como a herança antiga. Os gregos e os latinos, nossos primeiros mestres, eram povos historiógrafos. O cristianismo é uma religião de historiador. Outros sistemas religiosos fundaram suas crenças e seus ritos sobre uma mitologia praticamente exterior ao tempo humano; como Livros sagrados, os cristãos têm livros de história, e suas liturgias comemoram, com os episódios da vida terrestre de um Deus, os faustos da Igreja e dos santos. Histórico, o cristianismo o é ainda de outra maneira, talvez mais profunda: colocado entre a Queda e o Juízo, o destino da humanidade afigura-se, a seus olhos, uma longa aventura, da qual cada vida individual, cada "peregrinação" particular, apresenta, por sua vez, o reflexo; é nessa duração, portanto dentro da história, que se desenrola, eixo central de toda meditação cristã, o grande drama do Pecado e da Redenção. Nossa arte, nossos monumentos literários estão carregados dos ecos do passado, nossos homens de ação trazem incessantemente na boca suas lições, reais ou supostas.

Sem dúvida, conviria marcar mais de uma nuance entre as psicologias de grupos. Cournot observou isso há muito tempo: eternamente inclinados a reconstruir o mundo sobre as linhas da razão, os franceses, em sua massa, vivem suas lembranças coletivas bem menos intensamente do que os alemães, por exemplo. Sem dúvida também, as civilizações podem mudar. Não é inconcebível, em si, que a nossa não se desvie da história um dia. Os historiadores agirão sensatamente refletindo sobre isso. A história mal-entendida, caso não se tome cuidado, seria muito bem capaz de arrastar finalmente em seu descrédito a história melhor entendida. Mas se um dia chegássemos a isso, seria ao preço de uma violenta ruptura com nossas mais constantes tradições intelectuais.

Por ora estamos apenas, quanto a esse assunto, no estágio do exame de consciência. Cada vez que nossas tristes sociedades, em perpétua crise de crescimento, põem-se a duvidar de si próprias, vemo-las se perguntar se tiveram razão ao interrogar seu passado ou se o interrogaram devidamente. Leiam o que se escrevia antes da guerra, o que ainda pode ser escrito nos dias de hoje]: entre as preocupações difusas da época presente, escutarão, quase inexoravelmente, essa preocupação misturar sua voz às outras. Em pleno drama, foi-me dado captar seu eco [todo] espontâneo. Era junho de 1940, no mesmo dia, se bem me lembro, da entrada dos alemães em Paris. No jardim normando, onde nosso estado-maior,

---

2], por mais respeitáveis que sejam,[

privado de tropas, exercitava sua ociosidade, remoíamos as causas do desastre: "É possível acreditar que a história nos tenha enganado?", murmurou um de nós. Assim, a angústia do homem feito ia ao encontro, com um acento mais amargo, da simples curiosidade do rapazola. É preciso responder a um e a outro.

Entretanto, convém saber o que quer dizer a palavra "servir".

Decerto, mesmo que a história fosse julgada incapaz de outros serviços, restaria dizer, a seu favor, que ela entretém. Ou, para ser mais exato — pois cada um busca seus passatempos[3] onde mais lhe agrada —, assim parece, incontestavelmente, para um grande número de homens.[4] Pessoalmente, do mais remoto que me lembre, ela sempre me pareceu divertida. Como todos os historiadores, eu penso. Sem o quê, por quais razões teriam escolhido esse ofício? Aos olhos de qualquer um que não seja um tolo completo, com quatro letras, todas as ciências são interessantes. Mas todo cientista só encontra uma única cuja prática o diverte. Descobri-la para a ela se dedicar é propriamente o que se chama vocação.

Aliás, essa inegável atração da história por si só já merece que a reflexão se detenha.

Como germe[5] e como estímulo, seu papel foi e permanece capital. Antes do desejo de conhecimento, o simples gosto; antes da obra de ciência, plenamente consciente de seus fins, o instinto que leva a ela: a evolução de nosso comportamento intelectual abunda em filiações desse tipo. Podemos citar inclusive a física, cujos primeiros passos devem muito aos "gabinetes de curiosidade". Vimos, do mesmo modo, as pequenas alegrias das quinquilharias figurarem no berço de mais de uma orientação de estudos que, pouco a pouco, se embebeu do sério. Tal a gênese da arqueologia e, mais próximo de nós, do folclore. Os leitores de Alexandre Dumas talvez não sejam mais do que historiadores em potencial, aos quais falta apenas terem sido adestrados para se proporcionar um prazer puro e, para mim, mais agudo: o da cor verdadeira.

Por outro lado, que esse encanto esteja bem longe de se apagar, uma vez abordada a investigação metódica, com suas necessárias austeridades; que, ao contrário — todos os [verdadeiros] historiadores podem testemunhar isso —, ele ganhe mais ainda em vivacidade e plenitude: quanto a isso, de certa forma, não há

---

3   ]a[
4   É possivelmente em torno desse trecho que devia se situar a nota de Marc Bloch: "Prefácio a *Accessiones Historicae (1700): Opera*, ed. Dutens, t.IV-2, p.55: '*Tria sunt quae expetimus in Historia: primum, voluptatem noscendi res singulares; deinde, utilia in primis vitae praecepta; ad denique origines praesentium a praeteritis repetitas, cum omnia optime ex causis noscantur*'."
5   ]primeiramente[

nada que não valha alguma coisa para qualquer trabalho do espírito[6]. A história no entanto, não se pode duvidar disso, tem seus gozos estéticos próprios, que não se parecem com os de nenhuma outra disciplina. É que o espetáculo das atividades humanas, que forma seu objeto específico, é, mais que qualquer outro, feito para seduzir a imaginação dos homens. Sobretudo quando, graças a seu distanciamento no tempo ou no espaço, seu desdobramento se orna das sutis seduções do estranho. O grande Leibniz, ele próprio nos deixou uma confissão a respeito: quando das abstratas especulações matemáticas ou da teodiceia passava para o deciframento dos velhos documentos ou das velhas crônicas da Alemanha imperial, experimentava, como todos nós, essa "volúpia de aprender coisas singulares". Resguardemo-nos de retirar de nossa ciência sua parte de poesia. Resguardemo-nos sobretudo, já surpreendi essa sensação em alguns, de enrubescer por isso. Seria uma espantosa tolice acreditar que, por exercer sobre a sensibilidade um apelo tão poderoso, ela devesse ser menos capaz de satisfazer também nossa inteligência.

Se a história, não obstante, para a qual nos arrasta assim uma atração quase universalmente sentida, só tivesse isso para se justificar, se fosse apenas, em suma, um amável passatempo, como o bridge ou a pesca, valeria a pena todo o esforço que fazemos para escrevê-la? Para escrevê-la, quero dizer honestamente, indo verdadeiramente em direção, o máximo possível, às suas molas ocultas: por conseguinte, com dificuldade. Os jogos, escreveu André Gide, deixaram hoje de nos ser permitidos: inclusive, acrescentava, os da inteligência. Isso era dito em 1938. Em 1942, quando por minha vez escrevo, o quão mais carregada de um sentido mais pesado ficou tal declaração! Com toda certeza, num mundo que acaba de abordar a química do átomo e mal começa a sondar o segredo dos espaços estelares, em nosso pobre mundo que, justamente orgulhoso de sua ciência, não consegue todavia criar para si um pouco de felicidade, as longas minúcias da erudição histórica, muito capazes de devorar uma vida inteira, mereceriam ser condenadas como um desperdício de forças absurdo a ponto de ser criminoso, se devesse apenas servir para dissimular com um pouco de verdade uma de nossas distrações. Ou será preciso desaconselhar a prática da história a todos os espíritos capazes de serem melhor utilizados em outro lugar, ou é como conhecimento que a história terá de provar sua consciência limpa.

    Mas aqui uma nova pergunta se coloca: o que, precisamente, torna legítimo um esforço intelectual?

    Ninguém, imagino, ousaria mais dizer hoje em dia, como os positivistas de estrita observância, que o valor de uma investigação se mede, em tudo e para tudo,

---

[6]]. Todo exercício intelectual habilmente conduzido não será, à sua maneira, uma obra de arte?[

por sua aptidão a servir à ação. A experiência não apenas nos ensinou que é impossível decidir previamente se as especulações aparentemente as mais desinteressadas não se revelarão, um dia, espantosamente úteis à prática. Seria infligir à humanidade uma estranha mutilação recusar-lhe o direito de buscar, fora de qualquer preocupação de bem-estar, o apaziguamento de suas fomes intelectuais. À história, mesmo que fosse eternamente indiferente ao *homo faber* ou *politicus*, bastaria ser reconhecida como necessária ao pleno desabrochar do *homo sapiens*. Entretanto, mesmo assim limitada, a questão não está, por isso, logo resolvida.

Pois a natureza de nosso entendimento o leva muito menos a querer saber do que a querer compreender. Daí resulta que as únicas ciências autênticas são, para ele, aquelas que conseguem estabelecer ligações explicativas entre os fenômenos. Ora, a polimatia pode muito bem passar por distração ou mania; tanto hoje quanto na época de Malebranche, seria incapaz de representar uma das boas obras da inteligência. Independentemente até de qualquer eventualidade de aplicação à conduta, a história terá portanto o direito de reivindicar seu lugar entre os conhecimentos verdadeiramente dignos de esforço apenas na medida em que, em lugar de uma simples enumeração, sem vínculos e quase sem limites, nos permitir uma classificação racional e uma progressiva inteligibilidade.

Não se pode negar, no entanto, que uma ciência nos parecerá sempre ter algo de incompleto se não nos ajudar, cedo ou tarde, a viver melhor. Em particular, como não experimentar com mais força esse sentimento em relação à história, ainda mais claramente predestinada, acredita-se, a trabalhar em benefício do homem na medida em que tem o próprio homem e seus atos como material? De fato, uma velha tendência, à qual atribuir-se-á pelo menos um valor de instinto, nos inclina a lhe pedir os meios de guiar nossa ação: em consequência, a nos indignar contra ela, como o soldado vencido de cuja frase eu lembrava, caso, eventualmente, pareça mostrar sua impotência em fornecê-los. O problema da utilidade da história, no sentido estrito, no sentido "pragmático" da palavra útil, não se confunde com o de sua legitimidade, propriamente intelectual. Este, a propósito, só pode vir em segundo lugar: para agir sensatamente, não será preciso compreender em primeiro lugar? Mas sob pena de não responder senão pela metade às sugestões mais imperiosas do senso comum, este problema tampouco poderá ser elucidado.

A essas perguntas, alguns, entre nossos conselheiros ou entre os que gostariam de sê-lo, já responderam. Foi para zombar de nossas esperanças. Os mais indulgentes disseram: a história é tanto sem utilidade como sem solidez. Outros, cuja severidade despreza meias-medidas: ela é perniciosa. "O produto mais perigoso que a química do cérebro já elaborou": assim pronunciou-se um deles [e não dos menos notórios]. Essas condenações têm um temível atrativo: justificam, antecipadamente, a ignorância. Felizmente, para o que ainda subsiste em nós de curiosidade intelectual, não são irrecorríveis.

Mas se o debate deve ser reconsiderado, convém que seja sobre dados mais seguros.

Pois há uma precaução que os habituais detratores da história parecem não ter percebido. A palavra deles não carece nem de eloquência, nem de espirituosidade. Em sua maioria porém, omitiram-se de se informar exatamente sobre aquilo de que falam. A imagem que fazem de nossos estudos não foi captada na oficina. Recende antes a oratório e a Academia do que o gabinete de trabalho[7]. Está sobretudo caduca. De maneira que tanta verve poderia afinal ter sido gasta para exorcizar apenas uma fantasia. Nosso esforço, aqui, deve ser bem diferente. Os métodos cujo grau de certeza buscaremos avaliar serão aqueles que a pesquisa realmente utiliza, até na humilde e delicada minúcia de suas técnicas. Nossos problemas serão os problemas mesmos impostos ao historiador, cotidianamente, por sua matéria.[8] Em resumo, gostaríamos, antes de tudo, de dizer como e por que um historiador pratica seu ofício. Ao leitor cabe decidir, em seguida, se tal ofício merece ser exercido.

Prestemos, no entanto, atenção. É apenas aparentemente que, mesmo assim compreendida e limitada, a tarefa pode passar por simples. Sê-lo-ia, talvez, se nos encontrássemos em presença de uma dessas artes aplicadas sobre as quais já nos detemos o suficiente ao enumerar, umas após as outras, suas manipulações longamente experimentadas. Mas a história não é a relojoaria ou a marcenaria. É um esforço para o conhecer melhor: por conseguinte, uma coisa em movimento. Limitar-se a descrever uma ciência tal qual é feita será sempre traí-la um pouco. É mais importante dizer como ela espera ser capaz de progressivamente ser feita. Ora, da parte do analista, semelhante empreendimento exige forçosamente uma imensa dose de escolha pessoal. [Toda ciência, com efeito, é, a cada uma de suas etapas, constantemente atravessada por tendências divergentes, que não são possíveis de dirimir sem uma espécie de aposta sobre o futuro.] Não se pretende aqui recuar diante dessa necessidade. Em matéria intelectual, não mais que em qualquer outra, o horror das responsabilidades não é um sentimento muito recomendável. Entretanto, ao menos seria honesto alertar o leitor.

Do mesmo modo, as dificuldades com as quais inevitavelmente se choca qualquer estudo dos métodos variam muito segundo o ponto alcançado por cada

---

7]Albert Vandal talvez tenha se reconhecido; Pirenne a teria renegado.[
8]: considerando, naturalmente, que a aborde armado desse espírito de reflexão crítica, sem o qual nunca há, verdadeiramente, problemas. É preciso ser dois para a obra da ciência: um objeto e um homem.[

disciplina na curva, sempre entrecortada, de seu desenvolvimento. Há cinquenta anos, quando Newton reinava soberano, era, imagino, singularmente mais fácil que hoje construir, com um rigor de épura, uma exposição sobre a mecânica. Mas a história ainda se encontra numa fase bem mais desfavorável às certezas.

Pois a história não apenas é uma ciência em marcha. É também uma ciência na infância: como todas aquelas que têm por objeto o espírito humano, esse temporão no campo do conhecimento racional. Ou, para dizer melhor, velha sob a forma embrionária da narrativa, de há muito apinhada de ficções, há mais tempo ainda colada aos acontecimentos mais imediatamente apreensíveis, ela permanece, como empreendimento racional de análise, jovem. Tem dificuldades para penetrar, enfim, no subterrâneo dos fatos de superfície, para rejeitar, depois das seduções da lenda ou da retórica, os venenos, atualmente mais perigosos, da rotina erudita e do empirismo, disfarçados em senso comum. Ela ainda não ultrapassou, quanto a alguns dos problemas essenciais de seu método, os primeiros passos. E eis por que Fustel de Coulanges e, já antes dele, Bayle provavelmente não estavam totalmente errados ao dizê-la "a mais difícil de todas as ciências".[9]

[Porém, será uma ilusão? Por mais incerta que permaneça, em muitos pontos, nosso caminho, estamos na hora presente, parece-me, mais bem situados do que nossos predecessores imediatos para ver um pouco mais claro.

As gerações que vieram logo antes da nossa, nas últimas décadas do século XIX e até os primeiros anos do XX, viveram como alucinadas por uma imagem muito rígida, uma imagem verdadeiramente comtiana das ciências do mundo físico. Ao estender ao conjunto das aquisições do espírito esse prestigioso esquema, parecia-lhes então não existir conhecimento autêntico que não devesse desembocar em demonstrações incontinenti irrefutáveis, em certezas formuladas sob o aspecto de leis imperiosamente universais. Esta era uma opinião praticamente unânime. Mas, aplicada aos estudos históricos, dará origem, segundo os temperamentos, a duas tendências opostas.

Alguns julgaram possível, com efeito, instituir uma ciência da evolução humana que se conformasse a esse ideal de certo modo pancientífico e deram o melhor de si para estabelecê-la: livres, a propósito, de se reginarem no sentido de finalmente deixar fora do alcance desse conhecimento dos homens muita coisa de realidades bem humanas, mas que lhes pareciam desesperadamente refratárias a um conhecimento racional. Esse resíduo era o que eles chamavam, desdenhosa-

---

9 É provavelmente aqui que devia se inserir a seguinte nota de Marc Bloch: "*Fustel de Coulanges*, citado por Paul Guiraud; Bayle, *Dictionnaire*, verbete 'Renaud': 'A história, falando genericamente, é a mais difícil de todas as composições que um autor pode empreender ou uma das mais difíceis.'" (e, do punho de Marc Bloch, uma curta menção: "a verificar").

mente, de acontecimento; era também uma boa parte da vida mais intimamente individual. Essa foi, em suma, a posição da escola sociológica fundada por Durkheim. Ao menos se não ignorarmos concessões que, à primeira inflexibilidade dos princípios, vimos pouco a pouco introduzidas por homens inteligentes demais para não sofrerem, a não ser à revelia, a pressão das coisas. Nossos estudos devem muito a esse grande esforço. Ele nos ensinou a analisar mais profundamente, a cerrar mais de perto os problemas, a pensar, ousaria dizer, menos barato. Não falaremos dele senão com reconhecimento e respeito infinitos. Se hoje parece ultrapassado, é, para todos os movimentos intelectuais, cedo ou tarde, o resgate de sua fecundidade.

Entretanto, outros pesquisadores tomaram, no mesmo momento, atitude bem diferente. Não conseguindo inserir a história nos quadros do legalismo físico, particularmente preocupados, além disso, em razão de sua formação inicial, com as dificuldades, as dúvidas, os frequentes recomeços da crítica documental, colheram nessas constatações, antes de tudo, uma lição de humildade desiludida. A disciplina à qual consagravam seus talentos não lhes pareceu, no fim das contas, capaz, nem no presente nem no futuro, de muitas perspectivas de progresso. Inclinaram-se a ver nela, em lugar de um conhecimento verdadeiramente científico, uma espécie de jogo estético ou, melhor dizendo, de exercício de higiene benéfico à saúde do espírito. Foram denominados, às vezes, "historiadores historizantes": apelido injurioso para nossa corporação, uma vez que parece fazer a essência da história consistir na própria negação de suas possibilidades. De minha parte, de bom grado acharia para eles, no momento do pensamento francês ao qual se vinculam, um sinal de identificação mais expressivo.

O amável e fugidio Sylvestre Bonnard, se considerarmos as datas que o livro fixa para sua atividade, é um anacronismo: assim como esses santos antigos que os escritores da Idade Média descreviam, ingenuamente, sob as cores de sua própria época. Sylvestre Bonnard (por menos que se queira imaginar, por um instante, uma existência carnal sob essa sombra inventada), o verdadeiro Sylvestre Bonnard, nascido sob o Primeiro Império, ainda teria pertencido à geração dos grandes historiadores românticos; ele teria compartilhado seus entusiasmos comoventes e fecundos, a fé algo cândida no futuro da "filosofia" da história. Ignoremos a época à qual supõe-se ter pertencido e dirijamo-nos àquela que viu sua vida imaginária ser escrita; ele merece figurar como padroeiro, o santo corporativo de todo um grupo de historiadores que foram praticamente os contemporâneos intelectuais de seu biógrafo: trabalhadores profundamente honestos, mas de fôlego um pouco curto e sobre os quais se pensaria às vezes que, semelhantes às crianças cujos pais se divertiram demais, trazem em seus ossos a fadiga das grandes orgias históricas do romantismo; dispostos a se fazerem bastante pequenos diante de seus confrades do laboratório; em suma, mais inclinados a nos aconselhar a prudência do que o impulso. Seria excesso de malícia buscar sua divisa nessa frase espantosa, que escapou um dia ao homem de inteligência tão viva que no entanto foi meu caro professor Charles Seignobos: "É muito útil colocar-se questões, mas muito perigoso respondê-las"? Esta não é, seguramente, a declaração de um fanfarrão. Mas se os físicos não tivessem feito profissão de intrepidez, onde estaria a física?

Ora, nossa atmosfera mental não é mais a mesma. A teoria cinética dos gases, a mecânica einsteiniana, a teoria dos quanta alteraram profundamente a noção que ainda ontem qualquer um formava sobre a ciência. Não a diminuíram. Mas a flexibilizaram. Com certeza, substituíram, em muitos pontos, o infinitamente provável, o rigorosamente mensurável pela noção da eterna relatividade da medida. Sua ação foi sentida até mesmo pelos inumeráveis espíritos — devo, infelizmente, colocar-me entre eles — aos quais as fraquezas de sua inteligência ou de sua formação proíbem de seguir, se não de muito longe e de certo modo por reflexo, essa grande metamorfose. Estamos portanto agora bem melhor preparados para admitir que, mesmo sem se mostrar capaz de demonstrações euclidianas ou de imutáveis leis de repetição, um conhecimento possa contudo pretender ao nome de científico. Aceitamos muito mais facilmente fazer da certeza e do universalismo uma questão de grau. Não sentimos mais a obrigação de buscar impor a todos os objetos do conhecimento um modelo intelectual uniforme, inspirado nas ciências da natureza física, uma vez que até nelas esse gabarito deixou de ser integralmente aplicado. Não sabemos ainda muito bem o que um dia serão as ciências do homem. Sabemos que para existirem — mesmo continuando, evidentemente, a obedecer às regras fundamentais da razão —, não precisarão renunciar à sua originalidade, nem ter vergonha dela.]

Apreciaria que, entre os historiadores de profissão, os jovens em particular se habituassem a refletir sobre essas hesitações, esses perpétuos "arrependimentos" de nosso ofício. Será para eles a maneira mais segura de se preparar, por uma escolha deliberada, para orientar racionalmente seus esforços. Desejaria sobretudo vê-los participar, em número cada vez maior, dessa história ao mesmo tempo ampliada e aprofundada, da qual somos vários — em nosso caso, cada vez mais raros — a conceber a proposta. Se meu livro puder ajudá-los, terei a sensação de que não foi [absolutamente] inútil. Há nele, confesso, um lado de programa.

Mas não escrevo unicamente, nem tampouco sobretudo, para o uso interno da oficina. Tampouco cogitei esconder, aos simples curiosos, as irresoluções de nossa ciência. Elas são nossa desculpa. Melhor ainda: dão frescor a nossos estudos. Não apenas temos o direito de reclamar, em favor da história, a indulgência devida a todos os começos. O inacabado, embora tenda a ser perpetuamente superado, tem, para todo espírito um pouco ardoroso, uma sedução que equivale à do mais perfeito triunfo. O bom trabalhador, disse, ou disse quase isso, Péguy, ama o trabalho e a semeadura assim como as colheitas[10].

Convém que estas poucas palavras de introdução terminem com uma confissão pessoal. Toda ciência, tomada isoladamente, não significa senão um fragmento do universal movimento rumo ao conhecimento. [Já tive oportunidade, acima, de dar um exemplo disso:] para melhor entender e apreciar seus procedimentos de investigação, mesmo aparentemente os mais específicos, seria indispensável [saber] associá-los [, com uma característica perfeitamente segura,] ao conjunto das tendências que se manifestam, no mesmo momento, nas outras ordens de disciplina. Ora, esse estudo dos métodos em si mesmos constitui, à sua maneira, uma especialidade, da qual os técnicos se nomeiam filósofos. É um título ao qual não posso pretender. Em função dessa lacuna em minha formação inicial, o ensaio aqui apresentado sem dúvida perde muito: em precisão de linguagem como em amplitude de horizonte. Só posso apresentá-lo pelo que é: o memento de um artesão que sempre gostou de meditar sobre sua tarefa cotidiana, a caderneta de um colega que manejou por muito tempo a régua e o compasso, sem por isso se julgar matemático[11].

---

10 Aqui, na primeira redação, situa-se uma passagem deslocada com algumas modificações para o capítulo I na redação definitiva.
11 Nota de Marc Bloch: "Talvez não seja inútil acrescentar ainda uma palavra de desculpas; as circunstâncias de minha vida atual, a impossibilidade em que me encontro de ter acesso a uma grande biblioteca, a perda de meus próprios livros fazem com que deva me fiar bastante em minhas notas e em minha memória. As leituras complementares, as verificações exigidas pelas próprias leis do ofício cujas práticas me proponho descrever permanecem para mim frequentemente inacessíveis. Será que um dia poderei preencher essas lacunas? Nunca inteiramente, receio. Só posso, sobre isso, solicitar a indulgência, diria 'assumir a culpa' se isso não fosse assumir, mais do que seria legítimo, as culpas do destino."

Capítulo I

A história,
os homens e o tempo

1. A escolha do historiador

A palavra história é uma palavra antiquíssima: [tão antiga que às vezes nos cansamos dela. Raramente, é verdade, chegou-se a querer riscá-la completamente do vocabulário.] Os próprios sociólogos da era durkheimiana lhe dão espaço. Mas é para relegá-la a um singelo cantinho das ciências do homem: espécie de calabouço onde, reservando à sociologia tudo que lhes parece suscetível de análise racional, despejam os fatos humanos julgados ao mesmo tempo mais superficiais e mais fortuitos. Vamos preservar-lhe aqui, ao contrário, sua significação mais ampla. [O que não proíbe, antecipadamente, nenhuma orientação de pesquisa, deva ela voltar-se de preferência para o indivíduo ou para a sociedade, para a descrição das crises momentâneas ou a busca dos elementos mais duradouros; o que também não encerra em si mesmo nenhum credo; não diz respeito, segundo sua etimologia primordial, senão à "pesquisa".] Seguramente, desde que surgiu, já há mais de dois milênios, nos lábios dos homens, ela mudou muito de conteúdo. É a sorte, na linguagem, de todos os termos verdadeiramente vivos. Se as ciências tivessem, a cada uma de suas conquistas, que buscar por uma nova denominação para elas, que batismos e que perdas de tempo no reino das academias! Mesmo permanecendo pacificamente fiel a seu glorioso nome helênico, nossa história não será absolutamente, por isso, aquela que escrevia Hecateu de Mileto; assim como a física de lord Kelvin ou de Langevin não é a de Aristóteles.
[Qual é ela, então?
No começo deste livro, centrado em torno dos problemas reais da pesquisa, não haveria interesse algum em fazer uma longa e rigorosa definição. Que trabalhador sério já se embaraçou com semelhantes artigos de fé[1]?] A meticulosa precisão desses problemas não apenas deixa escapar o melhor de qualquer impulso

---

1]Quanto ao fundo, cada um estará de acordo que, falando do trabalho do historiador, não será inútil começar por fazer uma ideia algo precisa do objeto de seu trabalho. Mas será preciso que esse reconhecimento do terreno desemboque necessariamente numa definição em estilo de dicionário?[

intelectual: vejam o que há nisso de simples veleidades de impulso rumo a um saber ainda mal determinado, de extensão potencial. O grande perigo deles está em não definir tão cuidadosamente senão para melhor delimitar. "Este tema", diz o guardião dos deuses palavras, "ou esta maneira de tratá-lo, eis provavelmente o que é capaz de seduzir. Mas toma cuidado, ó efebo: isso não é a história." Somos então um jurado dos tempos antigos para codificar as tarefas permitidas às pessoas do ofício e, provavelmente, uma vez a lista fechada, reservar seu exercício a nossos mestres patenteados? Os físicos e os químicos são mais esclarecidos, já que nenhum deles, que eu saiba, jamais foi visto polemizando sobre os direitos respectivos da física, da química, da química física ou — supondo que o termo exista — da física química.

Não deixa de ser menos verdade que, face à imensa e confusa realidade, o historiador é necessariamente levado a nela recortar o ponto de aplicação particular de suas ferramentas; em consequência, a nela fazer uma escolha que, muito claramente, não é a mesma que a do biólogo, por exemplo; que será propriamente uma escolha de historiador. Este é um autêntico problema de ação. Ele nos acompanhará ao longo de todo o nosso estudo[2].

2. A história e os homens

Diz-se algumas vezes: "A história é a ciência do passado." É [no meu modo de ver] falar errado[3].

[Pois, em primeiro lugar,] a própria ideia de que o passado, enquanto tal, possa ser objeto de ciência é absurda. Como, sem uma decantação prévia, poderíamos fazer, de fenômenos que não têm outra característica comum a não ser não terem sido contemporâneos, matéria de um conhecimento racional? Será possível imaginar, em contrapartida, uma ciência total do Universo, em seu estado presente?

Sem dúvida, nas origens da historiografia, os velhos analistas não se constrangiam nem um pouco com tais escrúpulos. Narravam, desordenadamente, acontecimentos cujo único elo era terem se produzido mais ou menos no mesmo momento: os eclipses, as chuvas de granizo, a aparição de espantosos meteoros junto com batalhas, tratados, mortes dos heróis e dos reis. Mas nessa primeira memória

---

2   Todo esse desenvolvimento, em uma forma bem diferente, figurava na primeira redação ao final da Introdução. A passagem foi posteriormente reescrita e subsistem atualmente duas folhas manuscritas, numeradas I-1 e I-2, que serviram para a datilografia da redação definitiva.

3   ]e duplamente. Deixemos, por ora, o que tem de factível o cisma, que se pretende decretar, entre o passado e o suposto presente.[

da humanidade, confusa como a percepção de um bebê, um esforço constante de análise pouco a pouco operou a classificação necessária. É verdade, a linguagem, essencialmente tradicionalista, conserva o nome de história para todo estudo de uma mudança na duração. O hábito não traz perigo, pois não engana ninguém. Há, nesse sentido, uma história do sistema solar, na medida em que os astros que o compõem nem sempre foram como os vemos. Ela é da alçada da astronomia. Há uma história das erupções vulcânicas que é, estou convencido disso, do mais vivo interesse para a física do globo. Ela não pertence à história dos historiadores.

Ou, pelo menos, não lhe pertence na medida em que, talvez, suas observações, por algum viés, se reuniriam às preocupações específicas da história que nos diz respeito. Como estabelecer portanto, na prática, a divisão das tarefas? Sem dúvida, para apreender isso, um exemplo é melhor que muitos discursos.

No século X de nossa era, um golfo profundo, o Zwin, recortava a costa flamenga. Depois foi tomado pela areia. A que seção do conhecimento levar o estudo desse fenômeno? De imediato, todos designarão a geologia. Mecanismo de aluvionamento, papel das correntes marinhas, mudanças, talvez, no nível dos oceanos: não foi ela criada e posta no mundo para tratar de tudo isso? Certamente. Olhando de perto, porém, as coisas não são de modo algum assim tão simples.

Tratar-se-ia, em primeiro lugar, de escrutar as origens da transformação? Eis o nosso geólogo já obrigado a se colocar questões que não são mais, estritamente, de sua alçada. Pois, sem dúvida, esse assoreamento foi, pelo menos, favorecido por construções de diques, desvios de canais, secas: diversos atos do homem, resultado de necessidades coletivas e que apenas uma certa estrutura social torna possíveis.

Na outra ponta da cadeia, novo problema: o das consequências. A pouca distância do fundo do golfo, uma cidade se erguia. Era Bruges. Comunicava-se com ele por um breve trajeto fluvial. Pelas águas do Zwin, ela recebia ou expedia a maior parte das mercadorias que faziam dela, guardadas todas as proporções, a Londres ou a Nova York de sua época. Vieram, cada dia mais sensíveis, os avanços da sedimentação. Bruges tentou em vão, à medida que a superfície inundada recuava, empurrar ainda mais seus portos avançados para a foz, e seus cais pouco a pouco adormeceram. Decerto essa não foi absolutamente, longe disso, a causa única de seu declínio. Age a física alguma vez sobre o social sem que sua ação seja preparada, ajudada ou permitida por outros fatores que não venham do homem? Mas, no ritmo das ondas causais, esta causa está pelo menos, não poderíamos duvidar disso, entre as mais eficazes.

Ora, a obra de uma sociedade que remodela, segundo suas necessidades, o solo em que vive é, todos intuem isso, um fato eminentemente "histórico". Assim como as vicissitudes de um poderoso núcleo de trocas. Através de um exemplo bem característico da topografia do saber, eis portanto, de um lado, um ponto de sobreposição onde a aliança de duas disciplinas revela-se indispensável a qualquer tentativa de explicação; de outro, um ponto de passagem onde, depois de constatar um fenômeno e pôr seus efeitos na balança, este é, de certa maneira, definitivamente cedido por uma disciplina à outra. O que se produziu que parecera apelar imperiosamente à intervenção da história? Foi que o humano apareceu.

Há muito tempo, com efeito, nossos grandes precursores, Michelet, Fustel de Coulanges, nos ensinaram a reconhecer: o objeto da história é, por natureza, o homem[4]. Digamos melhor: os homens. Mais que o singular, favorável à abstração, o plural, que é o modo gramatical da relatividade, convém a uma ciência da diversidade. Por trás dos grandes vestígios sensíveis da paisagem, [os artefatos ou as máquinas,] por trás dos escritos aparentemente mais insípidos e as instituições aparentemente mais desligadas daqueles que as criaram, são os homens que a história quer capturar. Quem não conseguir isso será apenas, no máximo, um serviçal da erudição. Já o bom historiador se parece com o ogro da lenda. Onde fareja carne humana, sabe que ali está a sua caça.

Do caráter da história como conhecimento dos homens decorre sua posição específica em relação ao problema da expressão. Será uma "ciência"? ou uma "arte"? Sobre isso nossos bisavós, por volta de 1800, gostavam de dissertar gravemente. Mais tarde, por volta dos anos 1890, banhados em uma atmosfera de positivismo um pouco rudimentar, pôde-se ver especialistas do método indignarem-se com que, nos trabalhos históricos, o público desse importância, para eles excessiva, ao que eles chamavam "forma". [Arte contra ciência, forma contra fundo:] tantas polêmicas boas para devolver ao saco de processos da escolástica. Não há menos beleza numa equação exata do que numa frase correta. Mas cada ciência tem sua estética de linguagem, que lhe é própria. Os fatos humanos são, por essência, fenômenos muito delicados, entre os quais muitos escapam à medida matemática. Para bem traduzi-los, portanto para bem penetrá-los (pois será que se compreende alguma vez perfeitamente o que não se sabe dizer?), uma grande

---

4   Sem trair Marc Bloch, creio que podemos situar aqui a nota de rodapé por ele prevista: "Fustel de Coulanges, aula inaugural de 1862, na *Revue de Synthèse Historique*, t.II, 1901, p.243; *Michelet*, aula da École Normale, 1829, citado por G. Monod, t.I, p.127: 'Ocupamo-nos ao mesmo tempo do estudo do homem individual, e isso será a filosofia, e do estudo do homem social, e isso será a história.' Convém acrescentar que Fustel, mais tarde, disse isso numa fórmula mais sintética e carregada, cujo desenvolvimento que acabamos de ler não é senão, em suma, um comentário: 'A história não é a acumulação dos acontecimentos, de qualquer natureza, que se tenham produzido no passado. Ela é a ciência das sociedades humanas.' Mas isso talvez seja, veremos adiante, reduzir em excesso, na história, a parte do indivíduo; o homem em sociedade e as sociedades não são duas noções exatamente equivalentes."

finesse de linguagem, [uma cor correta no tom verbal] são necessárias. Onde calcular é impossível, impõe-se sugerir. Entre a expressão das realidades do mundo físico e a das realidades do espírito humano, o contraste é, em suma, o mesmo que entre a tarefa do operário fresador e a do luthier: ambos trabalham no milímetro; mas o fresador usa instrumentos mecânicos de precisão; o luthier guia-se, antes de tudo, pela sensibilidade do ouvido e dos dedos. Não seria bom nem que o fresador se contentasse com o empirismo do luthier, nem que este pretendesse imitar o fresador. Será possível negar que haja, como o tato das mãos, um das palavras?

[3. O tempo histórico

"Ciência dos homens", dissemos. É ainda vago demais. É preciso acrescentar: "dos homens, no tempo". O historiador não apenas pensa "humano". A atmosfera em que seu pensamento respira naturalmente é a categoria da duração. Decerto, dificilmente imagina-se que uma ciência, qualquer que seja, possa abstrair do tempo. Entretanto, para muitas dentre elas, que, por convenção, o desintegram em fragmentos artificialmente homogêneos, ele representa apenas uma medida. Realidade concreta e viva, submetida à irreversibilidade de seu impulso, o tempo da história, ao contrário, é o próprio plasma em que se engastam os fenômenos e como o lugar de sua inteligibilidade. O número dos segundos, anos ou séculos que um corpo radiaotivo exige para se transformar em outros corpos é, para a atomística, um dado fundamental. Mas que esta ou aquela dessas metamorfoses tenha ocorrido há mil anos, ontem ou hoje ou que deva se produzir amanhã, sem dúvida tal consideração interessaria ao geólogo, porque a geologia é, à sua maneira, uma disciplina histórica; ela deixa o físico frio como gelo. Nenhum historiador, em contrapartida, se contentará em constatar que César levou oito anos para conquistar a Gália e que foram necessários quinze anos a Lutero para que, do ortodoxo noviço de Erfurt, saísse o reformador de Wittenberg. Importa-lhe muito mais atribuir à conquista da Gália seu exato lugar cronológico nas vicissitudes das sociedades europeias; e, sem absolutamente negar o que uma crise espiritual como a de irmão Martinho continha de eterno, só julgará ter prestado contas disso depois de ter fixado, com precisão, seu momento na curva dos destinos tanto do homem que foi seu herói como da civilização que teve como atmosfera.

Ora, esse tempo verdadeiro é, por natureza, um continuum. É também perpétua mudança. Da antítese desses dois atributos provêm os grandes problemas da pesquisa histórica. Acima de qualquer outro, aquele que questiona até a razão de ser de nossos trabalhos. Sejam dois períodos sucessivos, recortados na sequência ininterrupta das eras. Em que medida — o vínculo que estabelece entre eles o fluxo da duração prevalecendo ou não sobre a dessemelhança resultante dessa própria duração — devemos considerar o conhecimento do mais antigo como necessário ou supérfluo para a compreensão do mais recente?]

4. O ídolo das origens

[Nunca é mau começar por um *mea culpa*. Naturalmente cara a homens que fazem do passado seu principal tema de estudos de pesquisa, a explicação do mais próximo pelo mais distante dominou nossos estudos às vezes até à hipnose. Sob sua forma mais característica, esse ídolo da tribo dos historiadores tem um nome: é a obsessão das origens. No desenvolvimento do pensamento histórico, teve também seu momento particular de favor.]

Foi Renan, acho, quem escreveu um dia (cito de memória; portanto, receio, inexatamente): "Em todas as coisas humanas, as origens em primeiro lugar são dignas de estudo." E Sainte-Beuve antes dele: "Espio e observo com[5] curiosidade aquilo que começa." A ideia é bem de sua época. A palavra origens também. Às "Origens do cristianismo[6]" corresponderam, um pouco mais tarde, aquelas da França contemporânea[7]. Sem contar os epígonos. Mas a palavra é preocupante, pois equívoca.

Significa simplesmente começo[8]? Isso seria quase claro. Com a ressalva, entretanto, de que, para a maioria das realidades históricas, a própria noção desse ponto inicial permanece singularmente fugaz[9]. Caso de definição, provavelmente. De uma definição que [, infelizmente,] esquece-se muito facilmente de fornecer.

Será que, ao contrário, por origens entende-se as causas? Então não haveria mais outras dificuldades a não ser aquelas que, constantemente e sem dúvida mais ainda nas ciências do homem, são por natureza inerentes às investigações causais.

Mas entre os dois sentidos frequentemente se constitui uma contaminação tão temível que não é em geral muito claramente sentida. Para o vocabulário

---

5   ]interesse e[
6   Lucien Febvre sublinhou.
7   Lucien Febvre substituiu "aquelas" por "origens", colocou entre aspas "origens da França contemporânea" e sublinhou.
8   Lucien Febvre colocou "começo" entre aspas.
9   ]De onde fazer partir o cristianismo? Da atmosfera sentimental em que se elaboraram, no mundo mediterrâneo ou iraniano, as religiões da salvação? De Jesus? De Paulo? Ou das gerações que vieram se fixar nas linhas essenciais do dogma?[

corrente, as origens são um começo que explica. Pior ainda: que basta para explicar. Aí mora a ambiguidade; aí mora o perigo.

Haveria outra pesquisa a fazer, das mais interessantes, sobre essa obsessão embriogênica, tão marcada em toda uma família de grandes espíritos. Como não raro acontece — nada sendo mais difícil do que estabelecer entre as diversas ordens de conhecimento uma exata simultaneidade —, as ciências do homem, aqui, se atrasaram em relação às ciências da natureza. Pois estas já se encontravam, por volta da metade do século XIX, dominadas pelo evolucionismo biológico, que supõe ao contrário um progressivo afastamento das formas ancestrais e explica isso, a cada etapa, pelas condições de vida ou de ambiente próprios ao momento. Este gosto apaixonado pelas origens, a filosofia francesa da história, de [Victor] Cousin a Renan, recebera, acima de tudo, do romantismo alemão. Ora, em seus primeiros passos, este fora contemporâneo de uma fisiologia bem anterior à nossa: a dos pré-reformistas que acreditavam encontrar, ora no esperma, ora no ovo, um resumo da idade adulta. Acrescentem a glorificação do primitivo. Ela havia sido familiar ao século XVIII francês. Porém, herdeiros desse tema, os pensadores da Alemanha romântica, antes de o retransmitir a nossos historiadores seus discípulos, o ornamentaram, por sua vez, com os prestígios de muitas seduções ideológicas novas. Que palavra nossa conseguirá um dia expressar a força desse famoso prefixo germânico *Ur*: *Urmensch*, *Urdichtung*? Tudo inclinava portanto essas gerações a atribuir, nas coisas humanas, uma importância extrema aos fatos do início.

Um outro elemento, entretanto, de natureza bem diferente, também exerceu sua ação. Na história religiosa, o estudo das origens assumiu espontaneamente um lugar preponderante, porque parecia fornecer um critério para o próprio valor das religiões. Designadamente[10] da religião cristã. Bem sei: para alguns neocatólicos, entre os quais, de resto, mais de um não absolutamente católico, a moda atual é zombar dessas preocupações de exegeta. "Não compreendo sua emoção, declarava Barrès a um padre que perdera a fé. As discussões de um punhado de eruditos em torno de algumas palavras hebraicas, o que tem isso a ver com minha sensibilidade? Basta-me a 'atmosfera das igrejas.'" E Maurras, por sua vez: "Que me importam evangelhos de quatro judeus obscuros?" ("Obscuros" quer dizer, imagino, plebeus; pois, em Mateus, Marcos, Lucas e João, parece difícil não reconhecer, pelo menos, uma certa notoriedade literária.) Esses engraçadinhos ficam tentando nos convencer e nem Pascal nem Bossuet teriam certamente falado assim. Sem dúvida pode-se conceber uma experiência religiosa que nada deva à história. Ao puro deísta, basta uma iluminação interior para crer em Deus. Não para crer no Deus

---

10]do valor[

dos cristãos. Pois o cristianismo [, já mencionei isso,] é, por essência, uma religião histórica: vejam bem, cujos dogmas primordiais se baseiam em acontecimentos. Releiam seu Credo: "Creio em Jesus Cristo ... que foi crucificado sob Pôncio Pilatos ... e ressuscitou dentre os mortos no 3º dia." Também nesse caso os primórdios da fé são seus fundamentos.

Ora, por um contágio sem dúvida inevitável, essas preocupações que, em uma certa forma de análise religiosa, podiam ter sua razão de ser, estenderam-se a outros campos de pesquisa, onde sua legitimidade era muito mais contestável. Aí também uma história, centrada sobre os nascimentos, foi colocada a serviço da apreciação dos valores. Ao escrutar as "origens" da França de sua época, o que propunha Taine senão denunciar o erro de uma política oriunda, a seu ver, de uma falsa filosofia do homem? Quer se trate das invasões germânicas ou da conquista normanda [da Inglaterra], o passado só foi empregado tão ativamente para explicar o presente no desígnio do melhor justificar ou condenar. De modo que em muitos casos o demônio das origens foi talvez apenas um avatar desse outro satânico inimigo da verdadeira história: a mania do julgamento.

Voltemos todavia aos estudos cristãos. Uma coisa é, para a inquieta consciência que busca uma regra para si, fixar sua atitude em relação à religião católica, tal como é definida cotidianamente; outra coisa é, para o historiador, explicar o catolicismo do presente como um fato de observação. Indispensável, é claro, a uma correta percepção dos fenômenos religiosos atuais, o conhecimento de seus primórdios não basta para explicá-los. A fim de simplificar o problema, chegamos a renunciar a nos perguntar até que ponto, sob um nome que não mudou, a fé, em sua substância, permaneceu realmente imutável. Por mais intacta que suponhamos uma tradição, faltará sempre apresentar as razões de sua manutenção. Razões humanas, é claro; a hipótese de uma ação providencial escaparia à ciência. A questão, em suma, não é mais saber se Jesus foi crucificado, depois ressuscitado. O que agora se trata de compreender é como é possível que tantos homens ao nosso redor creiam na Crucificação e na Ressurreição. Ora, a fidelidade a uma crença é apenas, com toda evidência, um dos aspectos da vida geral do grupo no qual essa característica se manifesta. Ela se situa no nó onde se misturam um punhado de traços convergentes, seja de estrutura social, seja de mentalidade. Ela coloca, em suma, todo um problema de clima humano. O carvalho nasce da glande. Mas carvalho se torna e permanece apenas ao encontrar condições de ambiente favoráveis, as quais não resultam da embriologia.

A história religiosa foi citada aqui apenas a título de exemplo. A qualquer atividade humana que seu estudo se associe, o mesmo erro sempre espreita o intérprete: confundir uma filiação com uma explicação.

Essa já era, em suma, a ilusão dos antigos etimologistas que pensavam ter dito tudo quando, sob o olhar do sentido atual, apresentavam o mais antigo sentido conhecido; quando haviam provado, imagino, que "*bureau*" designou, primitivamente, um pano ou "*timbre*" um tambor. Como se não fosse mais necessário explicar esse deslizamento. Como se, sobretudo, o papel de uma palavra, na língua, não fosse, assim como seu próprio passado, comandado pelo estado contemporâneo do vocabulário: reflexo, por sua vez, do estado social do momento. "*Bureaux*", em "*bureaux* do ministério", supõe uma burocracia. Quando peço "*timbres*"* no guichê do correio, o emprego que assim faço do termo exigiu, para se estabelecer, junto com a organização lentamente elaborada de um serviço postal, a transformação técnica, que, para grande benefício das trocas entre pensamentos, substituiu a impressão de um lacre pela aposição de uma etiqueta gomada. Ele tornou-se possível apenas porque, especializadas por ofícios, as diferentes acepções da velha palavra se distanciaram demais hoje em dia uma da outra para deixar subsistir o menor risco de confusão entre o *timbre* de minha carta e aquele, por exemplo, de cuja pureza o luthier se gaba em seus instrumentos.

"Origens do regime feudal", diz-se. Onde buscá-las? Alguns responderam "em Roma". Outros "na Germânia". As razões dessas miragens são evidentes. Aqui e ali, certos costumes com efeito existiam — relações de clientela, companheirismo guerreiro, papel da *tenure*** como salário dos serviços — a que as gerações posteriores, contemporâneas, na Europa, das épocas ditas feudais, deviam dar sequência. Não, aliás, sem modificá-los muito. Das duas partes, sobretudo, eram empregadas palavras — tais como "benefício" (*beneficium*) para os latinos, "feudo" para os germanos — das quais essas gerações persistirão em se servir, ainda que lhes conferindo, sem se dar conta, um conteúdo quase inteiramente novo. Pois, para grande desespero dos historiadores, os homens não têm o hábito, a cada vez que mudam de costumes, de mudar de vocabulário. Estas são, certamente, constatações interessantíssimas. Podemos crer que esgotam o problema das causas? O feudalismo europeu, em suas instituições características, não foi um arcaico tecido de sobrevivências. Durante certa fase de nosso passado, ele nasceu de todo um clima social.

O sr. Seignobos disse em algum lugar: "Creio que as ideias revolucionárias do século XVIII ... provêm das ideias inglesas do XVII." Queria ele dizer com isso que, tendo lido certos escritos ingleses do século precedente ou sofrido indiretamente sua influência, os publicistas franceses da idade das Luzes adotaram seus princípios políticos? Podemos lhe dar razão. Supondo ao menos que nossos filósofos, por sua vez, nada tenham despejado de original nas fórmulas estrangeiras como

---

* "Selo" em francês. (N.T.)
** *Tenure*: terra cedida como pagamento de serviços, porém apenas para uso. O concedente retinha os direitos de propriedade. (N.T.)

substância intelectual ou como tonalidade de sentimento. Mas, mesmo assim reduzida, não sem muita arbitrariedade, a um empréstimo, a história desse movimento de pensamento está longe de ser[11] esclarecida. Pois sempre restará o problema de saber por que a transmissão se operou na data indicada: nem mais cedo, nem mais tarde. Um contágio supõe duas coisas: gerações de micróbios e, no momento em que a doença se instala, um "terreno".

Em suma, nunca se explica plenamente um fenômeno histórico fora do estudo de seu momento. Isso é verdade para todas as etapas da evolução. Tanto daquela em que vivemos como das outras[12]. O provérbio árabe disse antes de nós: "Os homens se parecem mais com sua época do que com seus pais." Por não ter meditado essa sabedoria oriental, o estudo do passado às vezes caiu em descrédito.

5. Passado e presente

[Nos antípodas dos exploradores de origens, situam-se os devotos do imediato. Montesquieu, em uma de suas obras de juventude, fala dessa "cadeia infinita das causas que se multiplicam e combinam de século em século". A crer em certos escritores, a cadeia, em sua extremidade mais próxima de nós, estaria aparentemente bem tênue. Pois eles concebem o conhecimento do que chamam presente como quase absolutamente desligado do passado. A ideia espalhou-se demais para não merecer que busquemos dissecar seus elementos.]

[Convém, primeiramente, observar:] tomada ao pé da letra, ela seria, propriamente, impensável[13]. O que é, com efeito, o presente? No infinito da duração, um ponto minúsculo e que foge incessantemente; um instante que mal nasce morre. Mal falei, mal agi e minhas palavras e meus atos naufragam no reino de Memória. São palavras, ao mesmo tempo banais e profundas, do jovem Goethe: não existe presente, apenas um devir, *nichts gegenwärtig, alles vorübergehend*. Condenada a uma eterna transfiguração, uma pretensa ciência do presente se metamorfosearia, a cada momento de seu ser, em ciência do passado.

Já sei: será denunciada[14] como sofismo. Na linguagem corrente, "presente" quer dizer passado recente. Aceitemos [portanto] de agora em diante, sem hesitação, esse emprego um pouco frouxo da palavra. Não que isso não levante, por sua

---

11]completamente[
12 Lucien Febvre, creio (a rasura não me parece da mão de meu pai), riscou essas duas últimas frases, que figuram no entanto na edição precedente.
13 Este §, assim como os dois seguintes e uma parte do terceiro (até: "ardentes contatos") foram deslocados. A passagem originalmente encontrava-se no 2º§ do capítulo I.
14]aqui[

vez, sérias dificuldades. À noção de proximidade não apenas falta precisão — de quantos anos se trata? — como ela também nos coloca em presença do mais efêmero dos atributos. Embora o momento atual, no sentido estrito do termo, não seja senão uma perpétua evanescência, a fronteira entre o presente e o passado não se desloca por isso num movimento menos constante. O regime da moeda estável e do padrão-ouro, que, ontem, figurava em todos os manuais de economia política, como a própria norma da atualidade, ainda será presente para o economista de hoje? Ou é a história, que já cheira um pouco a mofo? Por trás desses paralogismos, no entanto, é fácil descobrir um leque de ideias menos inconsistentes, cuja simplicidade, pelo menos aparentemente, seduziu certos espíritos.

Acredita-se poder colocar à parte uma fase de pouca extensão no vasto escoamento do tempo. Relativamente pouco distante para nós, em seu ponto de partida, ela abarca, em seu desfecho, os próprios dias em que vivemos. Nela, nada, nem as características mais marcantes do estado social ou político, nem o aparato material, nem a tonalidade genérica da civilização, nela nada apresenta, ao que parece, diferenças profundas com o mundo onde temos nossos hábitos. Ela parece, em suma, afetada, em relação a nós, por um coeficiente muito forte de "contemporaneidade". Daí a honra ou a tara de não ser confundida com o restante do passado. "A partir de 1830, já não é mais história", dizia-nos um de nossos professores de liceu, que era [muito] velho quando eu era muito jovem: "é política". Não diríamos mais hoje "a partir de 1830" — as Três Gloriosas, por sua vez, envelheceram — nem "é política". Antes, num tom respeitoso: "é sociologia"; ou, com menos consideração, "jornalismo". Muitos porém repetiriam de bom grado: a partir de 1914 ou 1940, não é mais história. Sem, aliás, entenderem-se muito bem sobre os motivos desse ostracismo[15].

Alguns[16], estimando que os fatos mais próximos a nós são, por isso mesmo, rebeldes a qualquer estudo verdadeiramente sereno, desejavam simplesmente poupar à casta Clio contatos demasiado ardentes[17]. [Assim pensava, imagino, meu velho professor. Isso é, certamente, atribuir-nos um fraco domínio dos nervos. É também esquecer que, a partir do momento em que entram em jogo as ressonâncias sentimentais, o limite entre o atual e o inatual está longe de se ajustar necessariamente pela média matemática de um invervalo de tempo.] Estava tão errado meu bravo diretor do liceu languedociano onde empunhei minhas primeiras armas[18], que advertia-me, com sua voz grossa de capitão de ensino: "Aqui, o século

---

15 Na primeira versão, a quebra do § encontrava-se antes dessa frase, que no início do § seguinte começava por: "Sem, aliás, concordarem muito bem".
16]— entre os quais se teria colocado evidentemente meu velho professor —[
17 O início desse § assim como os dois precedentes, na primeira versão, situavam-se na segunda divisão do capítulo I.
18]de professor[

XIX, não é muito perigoso[19]; quando chegares nas guerras de Religião, sê prudente." Na verdade, quem, uma vez diante de sua mesa de trabalho, não tiver a força de poupar seu cérebro do vírus do momento será bem capaz de destilar suas toxinas até num comentário sobre a *Ilíada* ou o *Ramayana*.

Outros cientistas, ao contrário, acham com razão o presente humano perfeitamente suscetível de conhecimento científico. Mas é para reservar seu estudo a disciplinas bem distintas daquela que tem o passado como objeto. Eles analisam: por exemplo, pretendem compreender a economia contemporânea com a ajuda de observações limitadas, no tempo, a algumas décadas. Em suma, consideram a época em que vivem como separada das que a precederam por contrastes vivos demais para trazer em si mesma sua própria explicação. Esta é também a atitude instintiva de muitos curiosos simplistas. A história dos períodos um pouco distantes só os seduz como um inofensivo luxo do espírito. De um lado, um punhado de antiquários, ocupados, por macabra dileção, em desenfaixar os deuses mortos; do outro, sociólogos, economistas, publicistas — os únicos exploradores do vivo...

O curioso é que a ideia desse cisma surgiu bem recentemente[20]. Os velhos historiadores gregos, um Heródoto, um Tucídides, mais próximos de nós, os verdadeiros mestres de nossos estudos, os ancestrais cujas imagens merecerão eternamente figurar na *cella* da corporação, jamais imaginaram que, para explicar a tarde, bastasse conhecer, no máximo, a manhã[21]. "Aquele que quiser se circunscrever ao presente, ao atual, não compreenderá o atual", escrevia[22] Michelet, no início desse belo livro sobre *O povo*, ainda que sentindo os frêmitos, contudo, das febres do século. E Leibniz já colocava, entre os benefícios que esperava da história, "as origens das coisas presentes encontradas nas coisas passadas"; pois, acrescentava, "uma realidade nunca é compreendida melhor do que por suas causas".

Mas desde Leibniz, desde Michelet, um grande fato se produziu: as revoluções sucessivas das técnicas ampliaram desmedidamente o intervalo psicológico entre as gerações. Não sem [alguma] razão, talvez o homem da era da eletricidade e do avião se sinta bem longe de seus ancestrais. De bom grado ele conclui disso, mais imprudentemente, que deixou de por eles ser determinado. Acrescentem o estilo modernista inato a qualquer mentalidade de engenheiro. Para fazer funcionar ou reparar um dínamo, será necessário ter dominado as ideias do velho Volta sobre o galvanismo? Por uma analogia, sem dúvida capenga mas que se impõe esponta-

---

19]mas[
20 As duas primeiras frases desse §, sob uma forma bem diferente, encontravam-se, na primeira redação, antes da passagem sobre a natureza do presente.
21 Lucien Febvre preferiu, a essa frase, a da primeira redação: "No entanto, para não explicar ... se colocar."
22], no século passado,[

neamente a mais de uma inteligência submetida à máquina, vão pensar do mesmo modo que, para compreender os grandes problemas humanos do momento e tentar resolvê-los, de nada serve ter analisado seus antecedentes. Tragados eles também, sem muito se dar conta, por essa atmosfera mecanicista, certos historiadores fazem coro: "Como explicação do presente, a história se reduziria quase ao estudo do período contemporâneo." Assim não temiam escrever, em 1899, dois dentre eles.

[Olhando de perto,] o privilégio de autointeligibilidade assim reconhecido no presente apoia-se numa série de estranhos postulados.

Supõe em primeiro lugar que as condições humanas sofreram, no intervalo de uma ou duas gerações, uma mudança não apenas muito rápida, mas também total: de modo que nenhuma instituição um pouco antiga, nenhuma maneira de se conduzir tradicional, teria escapado às revoluções do laboratório ou da fábrica. Isso é esquecer a força da inércia própria a tantas criações sociais. O homem passa seu tempo a montar mecanismos dos quais permanece em seguida prisioneiro mais ou menos voluntário. Que observador percorrendo nossos campos do Norte não ficou admirado com o estranho desenho das paisagens? A despeito das atenuações que as vicissitudes da propriedade, ao longo das épocas, trouxeram ao esquema primitivo, o espetáculo dessas faixas que, exageradamente estreitas e compridas, cortam o solo arável em um número prodigioso de frações conserva ainda hoje com o que confundir o agrônomo. O desperdício de esforços que acarreta semelhante disposição e os incômodos que impõe aos exploradores não são nada contestáveis. Como explicá-lo? Pelo Código Civil e seus inevitáveis efeitos, responderam publicistas apressados demais. Modifiquem então, acrescentavam, nossas leis sobre a herança e suprimirão todo o mal. Se conhecessem melhor a história, se tivessem também melhor interrogado uma mentalidade camponesa formada por séculos de empirismo, teriam julgado o remédio menos fácil. De fato, essa armadura remonta a origens tão recuadas que nem um cientista, até aqui, conseguiu relatar isso satisfatoriamente;[23] os decifradores da era dos dólmens provavelmente têm mais responsabilidade quanto a isso do que os legistas do Primeiro Império[24]. Ao se prolongar aqui o erro sobre a causa, como acontece quase necessariamente na ausência de terapêutica, a ignorância do passado não se limita a prejudicar a compreensão do presente; compromete, no presente, a própria ação.

Tem mais. Para que uma sociedade, qualquer que fosse, pudesse ser inteiramente determinada pelo momento logo anterior àquele que vive, não lhe bastaria

---

23]e[
24]Ela não deixa de continuar a comandar a via de muitas de nossas comunidades rurais.[

uma estrutura tão perfeitamente adaptável à mudança que ficaria efetivamente desossada. Seria preciso ainda que as trocas entre as gerações operassem apenas, se ouso dizer, em fila indiana, as crianças só tendo contatos com seus ancestrais por intermédio dos pais[25].

Ora, isso não é verdade, inclusive em relação a comunicações puramente orais[26]. [Vejam, por exemplo, nossas aldeias.] Pelo fato de as condições do trabalho manterem ali, praticamente o dia inteiro, o pai e a mãe afastados dos filhos pequenos, estes são educados sobretudo pelos avós. A cada nova formação do espírito, portanto, dá-se um passo atrás que, por cima da geração [eminentemente] portadora de mudanças, liga os cérebros mais maleáveis aos mais cristalizados. [Daí, acima de tudo, não duvidemos disso, o tradicionalismo inerente a tantas sociedades camponesas. O caso é particularmente claro. E não é único. Exercendo-se o antagonismo natural aos grupos de idade, principalmente, entre grupos limítrofes, mais de uma juventude deveu às aulas dos anciãos pelo menos tanto quanto àquela dos homens maduros.]

Com mais forte razão, o escrito facilita imensamente [, entre gerações às vezes muito afastadas,] essas transferências de pensamento que fazem, propriamente, a continuidade de uma civilização. Lutero, Calvino, Loyola: homens de outrora, sem dúvida, homens do século XVI, os quais o historiador, ocupado em compreender e fazer compreender, terá como primeiro dever recolocar em seu meio, banhados pela atmosfera mental de seu tempo, face a problemas de consciência que já não são exatamente os nossos. Ousar-se-á entretanto dizer que para correta compreensão do mundo atual a compreensão da Reforma protestante ou da Reforma católica, afastadas de nós por um intervalo várias vezes centenário, não tem mais importância [do que muitos outros movimentos de ideia ou de sensibilidade, mais próximos, seguramente, no tempo, porém mais efêmeros?]

O erro, em suma, é claro e, sem dúvida, para destruí-lo, basta formulá-lo. Representa-se a corrente da evolução humana como formada por uma série de breves e profundos sobressaltos, dos quais cada um não duraria senão o espaço de algumas vidas. A observação prova, ao contrário, que nesse imenso continuum os grandes abalos são perfeitamente capazes de propagar desde as moléculas mais longínquas até as mais próximas[27]. O que diríamos de um físico que, contentando-se em enumerar os miriâmetros, estimasse a ação da Lua sobre nosso globo

---

25 Todo esse § foi reescrito.
26]Observei em outro lugar; a principal razão do espírito tradicionalista inato a quase todas as sociedades rurais é sem dúvida que as condições de trabalho...[
27]: que por conseguinte, para retomar a expressão de Michelet, o "atual" não é jamais completamente explicável senão pelo remoto; negá-lo equivaleria a cair num erro análogo ao do físico.[

bem mais considerável do que a do Sol? [Não mais na duração do que no céu, a eficácia de uma força não se mede exatamente por sua distância.]

Entre as coisas passadas, enfim, aquelas mesmas — crenças desaparecidas sem deixar o menor traço, formas sociais abortadas, técnicas mortas — que, parece, deixaram de comandar o presente, vamos considerá-las, por esse motivo, inúteis à sua compreensão? Seria esquecer que não existe conhecimento verdadeiro sem uma certa escala de comparação. Sob a condição, é verdade, de que a aproximação diga respeito a realidades ao mesmo tempo diversas e não obstante aparentadas. Não se negará absolutamente que não seja este o caso aqui. Decerto não estimamos mais hoje em dia que, como escrevia Maquiavel, como pensavam Hume ou Bonald, haja no tempo "pelo menos algo de imutável: é o homem". Aprendemos que o homem também mudou muito: em seu espírito e, sem dúvida, até nos mais delicados mecanismos de seu corpo. Como poderia ser de outro modo? Sua alimentação, não menos. É preciso, claro, no entanto, que exista, na natureza humana e nas sociedades humanas, um fundo permanente, sem o que os próprios nomes de homem e de sociedade nada iriam querer dizer. Portanto, acreditamos compreender estes homens estudando-os apenas em suas reações diante das circunstâncias particulares de um momento? Mesmo para o que eles são nesse momento, a experiência será insuficiente. Muitas virtualidades provisoriamente pouco aparentes, mas que, a cada instante, podem despertar, muitos motores, mais ou menos inconscientes, das atitudes individuais ou coletivas permanecerão na sombra. Uma experiência única é sempre impotente para discriminar seus próprios fatores: por conseguinte, para fornecer sua própria interpretação[28].

[Do mesmo modo, essa solidariedade das épocas tem tanta força que entre elas os vínculos de inteligibilidade são verdadeiramente de sentido duplo. A incompreensão do presente nasce fatalmente da ignorância do passado. Mas talvez não seja menos vão esgotar-se em compreender o passado se nada se sabe do presente.] Já contei em outro lugar o episódio: eu estava acompanhando, em Estocolmo, Henri Pirenne. Mal chegamos, ele me diz: "O que vamos ver primeiro? Parece que há uma prefeitura nova em folha. Comecemos por ela." Depois, como se quisesse prevenir um espanto, acrescentou: "Se eu fosse antiquário, só teria olhos para as coisas velhas.[29] Mas sou um historiador. É por isso que amo a vida." Essa faculdade

---

28 Pode-se considerar que esse novo § substitui uma passagem bem mais curta da primeira redação: "O presente e o passado se interpenetram. A tal ponto que seus elos, quanto à prática do ofício de historiador, são de sentido duplo. Se, para quem quer compreender mesmo o presente, a ignorância do passado deve ser funesta, a recíproca — embora não se esteja sempre tão nitidamente alertado — não é menos verdadeira."
29]Mas não sou um antiquário.[

de apreensão do que é vivo, eis justamente, com efeito, a qualidade mestra do historiador. Não nos deixemos enganar por certa frieza de estilo[30], os maiores entre nós a possuíram todos:[31] Fustel ou Maitland à sua maneira, que era mais austero, não menos que Michelet. E talvez ela seja, em seu princípio, um dom das fadas, que ninguém pode pretender adquirir, se não o trouxe do berço. Nem por isso ela deixa de precisar ser constantemente exercitada e desenvolvida. Como, senão, assim como o próprio Pirenne, por um contato perpétuo com o hoje?

Pois o frêmito da vida humana, que exige um duríssimo esforço de imaginação para ser restituído aos velhos textos, é [aqui] diretamente perceptível a nossos sentidos[32]. Li muitas vezes, narrei frequentemente, relatos de guerras e de batalhas. Conhecia eu verdadeiramente, no sentido pleno do verbo conhecer, conhecia por dentro, antes de ter eu mesmo experimentado a atroz náusea, o que são, para um exército, o cerco, para um povo, a derrota? Antes de ter eu mesmo, durante o verão e o outono de 1918, respirado a alegria da vitória — na expectativa, e decerto espero, de com ela encher uma segunda vez meus pulmões, mas o perfume, ai de mim, não será mais completamente o mesmo —, sabia eu verdadeiramente o que encerra essa bela palavra? Na verdade, conscientemente ou não, é sempre a nossas experiências cotidianas que, para nuançá-las onde se deve, atribuímos matizes novos, em última análise os elementos, que nos servem para reconstruir[33] o passado: os próprios nomes que usamos a fim de caracterizar os estados de alma desaparecidos, as formas sociais evanescidas, que sentido teriam para nós se não houvéssemos antes visto homens viverem? Vale mais [cem vezes] substituir essa impregnação instintiva por uma observação voluntária e controlada. Um grande matemático não será menos grande, suponho, por haver atravessado de olhos fechados o mundo onde vive. Mas o erudito que não tem o gosto de olhar a seu redor nem os homens, nem as coisas, nem os acontecimentos, [ele] merecerá talvez, como dizia Pirenne, o título de um útil antiquário. E agirá sensatamente renunciando ao de historiador.

Além de tudo, a educação da sensibilidade histórica nem sempre está sozinha em questão. Ocorre de, em uma linha[34] dada, o conhecimento do presente ser diretamente ainda mais importante para a compreensão do passado.

Com efeito, seria um erro grave acreditar que a ordem adotada pelos historiadores em suas investigações deva necessariamente modelar-se por aquela dos acontecimentos. Livres para em seguida restituir à história seu movimento verda-

---

30]verdadeiro[
31]sob formas diversas[
32]e nosso espírito[
33], e imaginar[
34]de estudos[

deiro, eles frequentemente têm proveito em começar por lê-la, como dizia Maitland, "às avessas"[35]. Pois a *démarche* natural de qualquer pesquisa é ir do mais ou do menos mal conhecido ao mais obscuro[36]. Sem dúvida, falta, e muito, para que a luz dos documentos se faça regularmente mais viva à medida que percorremos o fio das eras. Somos incomparavelmente menos informados sobre o século X de nossa era, por exemplo, do que sobre a época de César ou de Augusto. Na maioria dos casos, os períodos mais próximos não coincidem menos nesse aspecto com as zonas de clareza relativa. Acrescentem que, ao proceder, mecanicamente, de trás para frente, corre-se sempre o risco de perder tempo na busca das origens ou das causas de fenômenos que, à luz da experiência, irão revelar-se, talvez, imaginários. Por ter se omitido de praticar, ali onde se impunha, um método prudentemente regressivo, os mais ilustres dentre nós às vezes se entregaram a estranhos erros. Fustel de Coulanges debruçou-se sobre as "origens" de instituições feudais das quais não formava, receio, senão uma imagem confusíssima e [sobre as premissas] de uma servidão que, mal instruído por descrições de segunda mão, concebia sob cores absolutamente falsas.

Ora, sem dúvida menos excepcionalmente do que se pensa, acontece de, a fim de atingir o dia, ser preciso prosseguir até o presente. Em certas de suas características fundamentais, nossa paisagem rural, já o sabemos, data de épocas extremamente remotas. Mas, para interpretar os raros documentos que nos permitem penetrar nessa brumosa gênese, para formular corretamente os problemas, para até mesmo fazer uma ideia deles, uma primeira condição teve que ser cumprida: observar, analisar a paisagem de hoje. Pois apenas ela dá as perspectivas de conjunto de que era indispensável partir. Não, decerto, que se trate — tendo imobilizado, de uma vez por todas, essa imagem — de impô-la, tal qual, a cada etapa do passado sucessivamente encontrado, da montante à jusante. Aqui como em todo lugar, essa é uma mudança que o historiador quer captar. Mas, no filme por ele considerado, apenas a última película está intacta. Para reconstituir os vestígios quebrados das outras, tem obrigação de, antes, desenrolar a bobina no sentido inverso das sequências.

[Portanto, não há senão uma ciência dos homens no tempo e que incessantemente tem necessidade de unir o estudo dos mortos ao dos vivos. Como chamá-lo? Já disse por que o antigo nome de história me parece o mais compreensivo, o menos exclusivo, o menos carregado também das comoventes lembranças de um esforço

---

35]a partir do mais recente para chegar ao mais remoto[
36], de habituar — para falar como Maitland — os olhos ao crepúsculo antes de mergulhar na noite.[

muito mais que secular; portanto, o melhor. Propondo assim estendê-lo, contrariamente a certos preconceitos, aliás muito menos velhos do que ela, até o conhecimento do presente, não buscamos — será preciso defender-nos? — nenhuma reivindicação corporativa. A vida é muito breve, os conhecimentos a adquirir muito longos para permitir, até para o mais belo gênio, uma experiência total da humanidade. O mundo atual terá sempre seus especialistas, como a idade da pedra ou a egiptologia. A ambos pede-se simplesmente para se lembrarem de que as investigações históricas não sofrem de autarquia. Isolado, nenhum deles jamais compreenderá nada senão pela metade, mesmo em seu próprio campo de estudos; e a única história verdadeira, que só pode ser feita através de ajuda mútua, é a história universal.]

Uma ciência, entretanto, não se define apenas por seu objeto. Seus limites podem ser fixados, também, pela natureza própria de seus métodos. Resta portanto nos perguntarmos se, segundo nos aproximemos ou afastemos do momento presente, as próprias técnicas da investigação não deveriam ser tidas por essencialmente diferentes. Isto é colocar o problema da observação histórica.

Capítulo II

A observação histórica

1. [Características gerais da observação histórica]

[Situemo-nos resolutamente, para começar, no estudo do passado.]
As características mais visíveis da informação histórica [, entendida no sentido restrito e usual do termo,] foram muitas vezes descritas. O historiador, por definição, está na impossibilidade de ele próprio constatar os fatos que estuda. Nenhum egiptólogo viu Ramsés; nenhum especialista das guerras napoleônicas ouviu o canhão de Austerlitz. Das eras que nos precederam, só poderíamos [portanto] falar segundo testemunhas. Estamos, a esse respeito, na situação do investigador que se esforça para reconstruir um crime ao qual não assistiu; do físico, que, retido no quarto pela gripe, só conhecesse os resultados de suas experiências graças aos relatórios de um funcionário de laboratório. Em suma, em contraste com o conhecimento do presente, o do passado seria necessariamente "indireto".

Que haja nessas observações uma[1] parte de verdade, ninguém pensará em negá-lo. Elas exigem, no entanto, serem sensivelmente nuançadas.

Um comandante de exército, suponhamos, acaba de obter uma vitória. Imediatamente, começa, de punho próprio, a escrever seu relato. Concebeu o plano de batalha. Dirigiu-a. Graças à medíocre extensão do terreno [(pois, decididos a colocar todos os ornatos em nosso jogo, imaginamos um confronto dos tempos antigos, concentrado num espaço pequeno)], ele pôde ver a refrega quase toda se desenrolar sob seus olhos. Entretanto, não duvidemos: sobre mais de um episódio essencial lhe será forçoso referir-se aos relatórios de seus tenentes[2]. [No que, aliás, ele só fará se conformar, transformado em narrador, ao próprio comportamento que teve, algumas horas mais cedo na ação. Para coordenar a cada momento os movimentos de suas tropas nas vicissitudes do combate, de que informações terá melhor se servido: das imagens mais ou menos confusamente entrevistas através de seu binóculo ou dos relatos que traziam, rédeas soltas, estafetas ou ajudantes de

---
1]grande[
2], por sua vez, numa larga medida, estabelecid(a)os com a ajuda de informações expedidas por subalternos.[

campo? Raramente um líder consegue ter a si mesmo como sua própria testemunha. Entretanto, até numa hipótese tão favorável, o que resta da chamada observação direta, pretenso privilégio do estudo do presente?

É que na verdade ela é quase sempre um mero artifício: no instante, pelo menos, em que o horizonte do observador se alarga um pouco.] Toda coletânea de coisas vistas é, em uma boa metade, de coisas vistas por outro. Economista, estudo o movimento das transações este mês, esta semana: é com a ajuda de estatísticas que não foram feitas pessoalmente por mim. Explorador da crista da atualidade, ponho-me a sondar a opinião pública sobre os grandes problemas do momento; faço perguntas; anoto, confiro[3], recenseio respostas. O que me fornecem elas senão, mais ou menos inabilmente expressa, a imagem que meus interlocutores formam do que acreditam eles mesmos pensar ou aquela que pretendem me apresentar de seus pensamentos? Eles são os sujeitos de minha experiência. Mas ao passo que um fisiologista que disseca uma cobaia percebe, com seus próprios olhos, a lesão ou a anomalia buscada, não conheço[4] a situação de meus "homens de rua" senão por meio do panorama que eles mesmos aceitam me fornecer. Porque no imenso tecido de acontecimentos, gestos e palavras de que se compõe o destino de um grupo humano, o indivíduo percebe apenas um cantinho, estreitamente limitado por seus sentidos e sua faculdade de atenção; porque [além disso] ele nunca possui[5] a consciência imediata senão de seus próprios estados mentais: todo conhecimento da humanidade, qualquer que seja, no tempo, seu ponto de aplicação, irá beber sempre nos testemunhos dos outros uma grande parte de sua substância. [O investigador do presente não é, quanto a isso, melhor aquinhoado do que o historiador do passado.]

[Mas tem mais.] A observação do passado, mesmo de um passado muito recuado, será com certeza sempre "indireta" a esse ponto?

Vemos muito bem por que razões a impressão desse distanciamento entre o objeto do conhecimento e o pesquisador impôs-se com tanta força a tantos teóricos da história. É que pensavam antes de tudo em uma[6] história de acontecimentos, até mesmo de episódios: quero dizer, aqueles que, certo ou errado — não é o momento de examinar —, dão extrema importância a retraçar exatamente os atos, palavras ou atitudes de alguns personagens, agrupados em uma cena de duração relativamente curta, em que se concentram, como na tragédia clássica, todas as forças da crise do momento: jornada revolucionária, combate, entrevista diplo-

---

3]e[
4]eu mesmo[
5]graças a uma introspecção, ela própria de resto bem frágil,[
6]outra[

mática. Conta-se que, em 2 de setembro de 1792, a cabeça da princesa Lamballe havia desfilado na ponta de um chuço sob as janelas da família real. É verdade isso? É falso? O sr. Pierre Caron, que escreveu sobre os Massacres um livro de admirável probidade, não ousa se pronunciar. Se lhe houvesse sido dado contemplar, ele próprio, de uma das torres do Templo, o terrível cortejo, teria seguramente a que se ater. Pelo menos supondo que, tendo preservado [, como podemos acreditar,] nessas circunstâncias todo seu sangue-frio de cientista, houvesse, além disso, por uma justa desconfiança de sua memória, tomado cuidado de anotar imediatamente suas observações. Em tal caso, sem nenhuma dúvida, o historiador se sente, em relação à boa testemunha de um fato presente, em uma posição algo humilhante. Fica como que no fim de uma fila na qual os avisos são transmitidos, desde a frente, de fileira em fileira. Não é um lugar muito bom para se ser informado com segurança. Assim, um tempo atrás, presenciei, durante uma troca de guarda noturna,[7] passar, ao longo da fila, o grito: "Atenção! Buracos [de obus] à esquerda!" O último homem recebeu-o sob a forma "Para a esquerda", deu um passo nesse sentido e foi tragado.

Existem no entanto outras eventualidades. Nos muros de certas cidadelas sírias, erguidas alguns milênios antes de Jesus Cristo, os arqueólogos descobriram, presas em pleno entulho, [cerâmicas cheias de] esqueletos de crianças. Como não se poderia razoavelmente supor que essas ossadas estivessem ali por acaso, estamos, muito evidentemente, diante de restos de sacrifícios humanos, realizados no próprio momento da construção e a ela ligados. Sobre as crenças que se exprimem através desses ritos, seremos provavelmente obrigados a nos remeter a testemunhos da época, caso existam, ou a proceder por analogia, com a ajuda de outros testemunhos. Uma fé que não compartilhamos, como então conhecê-la[8] senão através das palavras de outro? É esse o caso [, é preciso repetir,] de todos os fenômenos de consciência, a partir do momento em que são estranhos a nós. Quanto ao fato mesmo do sacrifício, em contrapartida, nossa posição é bem diferente. Decerto não o captamos, propriamente falando, de um relance absolutamente imediato. Tampouco o geólogo, a amonita onde descobre o fóssil. Tampouco o físico, o movimento molecular cujos efeitos deduz no movimento browniano. Mas o raciocínio muito simples que, ao excluir qualquer outra possibilidade de explicação, nos permite passar do objeto verdadeiramente constatado ao fato cuja prova nos traz — [esse] trabalho de interpretação rudimentar muito vizinho, em suma, [das operações mentais instintivas], sem as quais nenhuma

---

7   ]tentar[
8   ]quaisquer que fossem[

sensação tornar-se-ia percepção —, não há nada nele que, entre a coisa e nós, tenha exigido a interpolação de outro observador. Os especialistas do método[9] geralmente entenderam como conhecimento indireto aquele que não atinge o espírito do historiador senão pelo canal de espíritos humanos diferentes[10]. [O termo talvez não seja bem escolhido; limita-se a indicar a presença de um intermediário; não vemos por que esse elo seria necessariamente de natureza humana. Aceitemos todavia, sem discutir quanto às palavras, o uso comum. Nesse sentido, nosso conhecimento das imolações murais na antiga Síria seguramente nada tem de indireto.

Ora, assim também muitos outros vestígios do passado nos oferecem um acesso do mesmíssimo nível. É o caso, em sua quase totalidade, da imensa massa de testemunhos não escritos, e até de um bom número de escritos. Se os mais conhecidos teóricos de nossos métodos não tivessem manifestado tão espantosa e soberba indiferença em relação às técnicas próprias da arqueologia, se tivessem sido, na ordem documentária, obcecados pelo relato, ao passo que na ordem dos fatos, pelo acontecimento, sem dúvida os veríamos menos prontos a nos jogar para uma observação eternamente dependente. Nos túmulos reais de Ur, na Caldeia, encontraram-se contas de colar feitas de amazonita. Como as jazidas mais próximas dessa pedra situam-se no coração da Índia ou nos arredores do lago Baikal, parece se impor a conclusão de que, a partir do terceiro milênio antes de nossa era, as cidades do Baixo Eufrates mantinham relações de troca com terras extremamente longínquas. A indução pode parecer boa ou frágil. Qualquer juízo que se faça sobre ela, trata-se inegavelmente de uma indução do tipo mais clássico; fundamenta-se na constatação de um fato e a palavra de outro em nada interfere nisso. Mas os documentos materiais não são, longe disso, os únicos a possuir esse privilégio de poderem ser apreendidos de primeira mão. Do mesmo modo o sílex, talhado outrora pelo artesão da idade da pedra,] um traço de linguagem, uma regra de direito incorporada em um texto [, um rito fixado por um livro de cerimônias ou representado sobre uma estela] são realidades que nós próprios captamos e que exploramos por um esforço de inteligência estritamente pessoal. [Nenhum outro cérebro humano precisa ser convocado para isso, como intermediário. Não é absolutamente verdade, para retomar a comparação de ainda há pouco, que o historiador seja necessariamente reduzido a só saber o que acontece em seu laboratório por meio de relatos de um estranho. Ele só chega depois de concluído o experimento, sempre. Mas, se as circunstâncias o permitirem, o expe-

---

9   ]histórico[
10]. Tomado nesse sentido, o termo deixa de valer para nosso conhecimento dos sacrifícios sírios.[

rimento terá deixado resíduos, os quais não é impossível que perceba com os próprios olhos.]

É portanto em outros termos, ao mesmo tempo menos ambíguos e mais compreensíveis, que convém definir as indiscutíveis particularidades da observação histórica.

Como primeira característica, o conhecimento de todos os fatos humanos no passado, da maior parte deles no presente, deve ser, [segundo a feliz expressão de François Simiand,] um conhecimento através de vestígios. Quer se trate das ossadas emparedadas nas muralhas da Síria, de uma palavra cuja forma ou emprego revele um costume, de um relato escrito pela testemunha de uma cena antiga [ou recente], o que entendemos efetivamente por documentos senão um "vestígio", quer dizer, a marca, perceptível aos sentidos, deixada por um fenômeno em si mesmo impossível de captar? Pouco importa que o objeto original se encontre, por natureza, inacessível à sensação, como o átomo cuja trajetória é tornada visível na câmara de Wilson, ou que assim tenha se tornado só no presente, por efeito do tempo, como o limo, apodrecido há milênios, cuja impressão subsiste no bloco de hulha, ou como as solenidades, caídas em longo desuso, que vemos pintadas e comentadas nas paredes dos templos egípcios. Em ambos os casos, o procedimento de reconstituição é o mesmo e todas as ciências oferecem muitos exemplos disso[11]. [Mas, do fato de um grande número de pesquisadores de todas as categorias verem-se obrigados a não apreender certos fenômenos senão através de outros fenômenos destes derivados, não resulta, entre eles — longe disso — uma perfeita igualdade de meios. É possível que, como físico, tenham eles próprios o poder de provocar o surgimento desses vestígios. É possível, ao contrário, que fiquem reduzidos a esperá-lo do capricho de forças sobre as quais não exercem a menor influência.]. Em ambos os casos, a posição deles será, muito evidentemente, bastante diferente. O que foi feito dos observadores dos fatos humanos? Aqui a questão da data reassume seus direitos.[12/13]

[Parece evidente que todos os fatos humanos um pouco complexos escapem à possibilidade de uma reprodução ou de uma orientação voluntárias; e teremos, a propósito, que voltar a isso mais tarde. Decerto,] desde as mais elementares medi-

---

11]Mas a essa primeira característica uma outra se acrescenta aqui: sempre que o passado está em questão, com muita frequência quando se trata do presente. Ao observador é impossível provocar ele mesmo o surgimento desses vestígios.[
12 Na primeira redação seguia-se um longuíssimo § que foi suprimido nesta redação.
13 Na primeira redação, essas duas últimas frases eram objeto de um § cuja primeira frase é: "Tomemos cuidado com isso, entretanto."

das de sensação até os textos mais refinados da inteligência ou da emotividade, existe[14] uma experimentação psicológica. Mas ela não se aplica, em suma, senão ao indivíduo. A psicologia coletiva lhe é quase totalmente rebelde. Não se poderia — não se ousaria, supondo que se o pudesse — suscitar deliberadamente pânico ou um movimento de entusiasmo religioso. Entretanto, quando os fenômenos estudados pertencem ao presente ou ao passado muito recente, o observador, por mais incapaz que seja de forçá-los a se repetir ou de infletir, a seu bel-prazer, seu desenrolar, não se encontra do mesmo modo desarmado em relação a suas pistas. Ele pode, literalmente, dar vida a algumas delas[15]. São os relatos das testemunhas.

Em 5 de dezembro de 1805, a experiência de Austerlitz não era, assim como hoje, suscetível de se repetir. Porém, o que havia feito na batalha este ou aquele regimento? Caso Napoleão tivesse desejado [algumas horas depois do cessar-fogo,] informar-se sobre isso, duas palavras lhe bastariam para que um dos oficiais lhe enviasse um relatório[16]. Nenhum relato desse tipo, público ou privado, jamais foi, ao contrário, estabelecido? Os que foram[17] escritos se perderam? Por mais que façamos, por nossa vez, a mesma pergunta, ela corre o grande risco de permanecer eternamente sem resposta [, ao lado de muitas outras, muito mais importantes]. Qual historiador não sonhou poder, como Ulisses, alimentar as sombras com sangue para interrogá-las[18]? Mas os milagres da *Nekuia* não estão mais em voga e não existe outra máquina de voltar no tempo senão a que funciona em nosso cérebro, com materiais fornecidos por gerações passadas.

[Sem dúvida, tampouco devemos exagerar os privilégios do estudo do presente.] Imaginemos que todos os oficiais, que todos os homens do regimento tenham morrido; ou, mais simplesmente, que entre os sobreviventes não se tenham encontrado testemunhas cuja memória, cujas faculdades de atenção fossem dignas de crédito. Napoleão não terá sido melhor aquinhoado do que nós[19]. Qualquer um que tenha tomado parte [, mesmo no papel mais humilde,] em qualquer grande ação sabe bem que acontece de um episódio, às vezes capital, tornar-se, ao cabo de poucas horas, impossível de precisar. Acrescente-se que nem todas as pistas se prestam [com a mesma docilidade] a essa evocação retrospectiva. Se as aduanas

---

14], em resumo,[
15 Essa passagem, começando aqui pelas palavras "Mas ela não se aplica, em suma, senão ao indivíduo", corresponde, na primeira redação, a um desenvolvimento muito alterado.
16](livre, aliás, para depois submeter essa peça à crítica; este é um outro aspecto do método, que nos deterá no devido lugar)[
17]talvez[
18], infelizmente sempre sem sucesso[
19]somos[

deixaram de registrar, a cada dia, em novembro de 1942, a entrada e saída das mercadorias, não terei praticamente meio algum, em dezembro, de apreciar o comércio exterior do mês precedente. [Em resumo, da investigação sobre o remoto à investigação sobre o passado muito recente, a diferença é, uma vez mais, apenas de grau. Ela não atinge o fundo dos métodos. Não deixa de ser menos importante por isso e convém daí extrair as consequências.]

O passado é, por definição, um dado que nada mais modificará. Mas o conhecimento do passado é uma coisa em progresso, que incessantemente se transforma e aperfeiçoa. Para quem duvidasse, bastaria lembrar[20] o que, há pouco mais de um século, aconteceu sob nossos olhos. Imensos contingentes da humanidade saíram das brumas. O Egito e a Caldeia sacudiram suas mortalhas. As cidades da Ásia central revelaram suas línguas, que ninguém mais sabia falar, e suas religiões, há muito extintas. Uma civilização [inteirinha] ignorada acaba de se levantar do túmulo, nas margens do Indo. [Isso não é tudo e] a engenhosidade dos pesquisadores em vascular mais a fundo as bibliotecas, em abrir novas trincheiras nos solos cansados, não trabalha apenas [nem, talvez, mais eficazmente] para enriquecer a imagem dos tempos idos. Procedimentos de investigação até então desconhecidos também surgiram. Sabemos melhor que nossos predecessores interrogar as línguas acerca dos costumes, as ferramentas acerca do artesão. Aprendemos sobretudo a mergulhar mais profundamente[21] na análise dos fatos sociais. O estudo das crenças e dos ritos populares mal desenvolve suas primeiras perspectivas. A história da economia, da qual Cournot, [há tempos,] enumerando os diversos aspectos da investigação histórica, não fazia[22] nem mesmo ideia, apenas começa a se constituir. Tudo isso é certo. Tudo isso permite as mais vastas esperanças. Não esperanças ilimitadas. Essa sensação de progressão verdadeiramente indefinida, que uma ciência como a química dá, [capaz de criar até seu próprio objeto,] nos é recusada.

É que os exploradores do passado não são homens completamente livres. O passado[23] é seu tirano. Proíbe-lhes conhecer de si qualquer coisa a não ser o que ele mesmo lhes fornece [, conscientemente ou não]. Jamais estabeleceremos uma estatística dos preços na época merovíngia, pois nenhum documento registrou esses preços em número suficiente. Jamais seremos capazes de penetrar tão bem a mentalidade dos homens do século XI europeu, por exemplo, quanto o podemos fazer para os contemporâneos de Pascal ou de Voltaire: porque não temos deles nem cartas [privadas], nem confissões; porque só temos sobre alguns deles biogra-

---

20]tudo[
21]que eles[
22]ainda[
23]inclusive[

fias ruins[24], em estilo convencional. Em virtude dessa lacuna, toda uma parte de nossa história necessariamente incide sobre o aspecto, um pouco exangue, de um mundo sem indivíduos. [Não nos queixemos muito. Nessa rigorosa submissão a um inflexível destino, não estamos — nós, pobres adeptos frequentemente escarnecidos das jovens ciências do homem — melhores do que muitos de nossos confrades, dedicados a disciplinas mais antigas e mais seguras de si.] Tal é a sorte comum de todos os estudos cuja missão implica escrutar fenômenos consumados, e o pré-historiador não é, na falta de escritos, menos capaz de reconstituir as liturgias da idade da pedra do que o paleontólogo, suponho, as glândulas [de secreção] interna do plessiosauro, do qual apenas subsiste o esqueleto. É sempre desagradável dizer: "Não sei, não posso saber." Só se deve dizê-lo depois de tê-lo energicamente, desesperadamente buscado. Mas há momentos em que o mais imperioso para o cientista é [, tendo tentado tudo,] resignar-se à ignorância e confessá-lo honestamente.

2. Os testemunhos

"Heródoto de Túrio expõe aqui suas pesquisas, a fim de que as coisas feitas pelos homens não sejam esquecidas com o tempo e que grandes e maravilhosas ações, realizadas tanto pelos gregos como pelos bárbaros, nada percam de seu brilho." Assim começa o mais antigo livro de história que, no mundo ocidental, chegou até nós sem ser no estado de fragmentos. Ao lado dele, coloquemos, por exemplo, um desses guias de viagem que os egípcios [, na época dos faraós,] introduziam nos túmulos. Temos, cara a cara, os próprios tipos de duas grandes classes entre as quais se divide a massa, imensamente variada, dos documentos colocados pelo passado à disposição dos historiadores. Os testemunhos do primeiro grupo são voluntários. Os outros não.

Quando [, com efeito,] lemos, para nos informar, Heródoto ou Froissart, as *Memórias* do marechal Joffre ou as notícias, aliás completamente contraditórias, dadas pelos jornais alemães e britânicos [, por estes dias,] sobre o ataque a um comboio no Mediterrâneo, o que fazemos senão nos conformar exatamente ao que os autores desses escritos esperavam de nós? Ao contrário, as fórmulas dos papiros dos mortos eram destinadas a serem recitadas apenas pela alma em perigo e ouvidas tão somente pelos deuses; o homem das palafitas que, no lago vizinho onde o arqueólogo os remexe atualmente, jogava fora os dejetos de sua cozinha, queria apenas poupar sujeira à sua cabana; a bula de isenção pontifical só era tão

---

24]contemporâneas[

precavidamente preservada nos cofres do mosteiro a fim de ser, chegado o momento, brandida aos olhos de um bispo importuno. [Entre todos esses cuidados, não figurava absolutamente o de informar à opinião pública ou aos historiadores futuros] e quando o medievalista folheia nos arquivos [, no ano da graça de 1492,] a correspondência comercial dos Cedames de Lucqua, torna-se culpado de uma indiscrição que os Cedames de nossos dias, se tomassem as mesmas liberdades com seus copistas de cartas, qualificariam duramente.

Ora, as *sources narratives* — para empregar, em seu francês um pouco barroco, a expressão consagrada — [, quer dizer, os relatos deliberadamente destinados à informação dos leitores,] não cessaram, certamente, de prestar um precioso socorro ao pesquisador. Entre outras vantagens, geralmente são as únicas a fornecer um enquadramento cronológico, razoavelmente seguido. O que o pré-historiador, o que o historiador da Índia não dariam para dispor de um Heródoto[25]? [Não podemos duvidar no entanto: é na segunda categoria dos testemunhos,] é nas testemunhas à revelia que a investigação histórica, ao longo de seus progressos, foi levada a depositar cada vez mais sua confiança. Comparem a história romana tal como a escreviam Rollin ou mesmo Niebuhr com aquela que qualquer compêndio coloca hoje sob nossos olhos: a primeira, que extraía a maior parte de sua substância de Tito Lívio, Suetônio ou Floro; a segunda, construída, em larga medida, à força de inscrições, papiros, moedas. Pedaços inteiros do passado só puderam ser reconstituídos assim: toda a pré-história, quase toda a história econômica, quase toda a história das estruturas sociais. No próprio presente, quem de nós, em lugar de todos os jornais de 1938 ou 1939[26], não preferiria ter em mãos algumas peças secretas da chancelaria, alguns relatórios confidenciais de chefes militares?

[Não é que os documentos desse gênero sejam, mais que outros, isentos de erro ou de mentira. Não faltam falsas bulas, e, assim como todos os relatórios de embaixadores, nenhuma carta de negócios diz a verdade. Mas a deformação aqui, a supor que exista, pelo menos não foi concebida especialmente em intenção da posteridade. Acima de tudo, esses indícios que, sem premeditação, o passado deixa cair ao longo de sua estrada não apenas nos permitem suplementar esses relatos, quando estes apresentam lacunas, ou controlá-los, caso sua veracidade seja suspeita; eles afastam de nossos estudos um perigo mais mortal do que a ignorância ou a inexatidão: o de uma irremediável esclerose. Sem seu socorro, com efeito, não veríamos inevitavelmente o historiador, a cada vez que se debruça sobre gerações

---

25 Essa passagem, começando em "Ora, as *sources*", na primeira redação situava-se, com variantes, depois da passagem relativa a Saint-Simon e aos santos da alta Idade Média.
26], de toda a literatura sobre as origens da guerra[

desaparecidas, logo tornar-se prisioneiro dos preconceitos, das falsas prudências, das miopias de que a própria visão dessas gerações sofrera; por exemplo, o medievalista não dar senão pequena importância ao movimento comunal, sob pretexto de que os escritores da Idade Média não falavam muito dele a seu público, ou desdenhar os grandes elãs da vida religiosa, pela simples razão de que ocupam, na literatura narrativa da época, um lugar bem mais modesto do que as guerras dos barões; a história, em resumo (para retomar uma antítese cara a Michelet), tornar-se menos exploradora, cada vez mais ousada, das épocas consumadas do que o eterno e imóvel aluno de suas "crônicas".]

Do mesmo modo, até nos testemunhos mais resolutamente voluntários, o que os textos nos dizem expressamente deixou hoje em dia de ser o objeto predileto de nossa atenção. Apegamo-nos geralmente com muito mais ardor ao que ele nos deixa entender, sem haver pretendido dizê-lo. Em Saint-Simon, o que descobrimos de mais instrutivo? Suas informações, frequentemente inventadas, sobre os acontecimentos do reino? Ou a espantosa luz que as *Memórias* nos lançam sobre a mentalidade de um grande senhor, na corte do Rei-Sol? Entre as vidas dos santos da alta Idade Média, pelo menos três quartos são incapazes de nos ensinar qualquer coisa de concreto sobre os piedosos personagens cujo destino pretendem [nos] retraçar. Interroguemo-las, ao contrário, sobre[27] as maneiras de viver ou de pensar particulares às épocas em que foram escritas, todas as coisas que o hagiógrafo não tinha o menor desejo de nos expor. Vamos achá-las de um valor inestimável. Em nossa inevitável subordinação em relação ao passado, ficamos [portanto] pelo menos livres no sentido de que, condenados sempre a conhecê-lo exclusivamente por meio de [seus] vestígios, conseguimos todavia saber sobre ele muito mais do que ele julgara sensato nos dar a conhecer. [É, pensando bem, uma grande revanche da inteligência sobre o dado.]

Mas, a partir do momento em que não nos resignamos mais a registrar [pura e] simplesmente as palavras de nossas testemunhas, a partir do momento em que tencionamos fazê-las falar [, mesmo a contragosto], mais do que nunca impõe-se um questionário. Esta é, com efeito, a primeira necessidade de qualquer pesquisa histórica bem conduzida.

Muitas pessoas e mesmo,[28] parece, certos autores de manuais fazem uma imagem surpreendentemente cândida da marcha de nosso trabalho. No princípio, diriam de bom grado, eram os documentos. O historiador os reúne, lê[29], empe-

---

27]as instituições,[
28]nos[
29]crítica, quer dizer, como vamos ver,[

nha-se em avaliar sua autenticidade e veracidade. Depois do que, e somente depois, os põe para funcionar... Uma infelicidade apenas: nenhum historiador, jamais, procedeu assim. Mesmo quando, eventualmente, imagina fazê-lo.

Pois os textos ou os documentos arqueológicos, mesmo os aparentemente mais claros e mais complacentes, não falam[30] senão quando sabemos interrogá-los. Antes de Boucher de Perthes, os sílex abundavam, como em nossos dias, nos aluviões do Somme. Mas faltava o interrogador e não existia pré-história. Velho medievalista, confesso não conhecer leitura mais atraente do que um cartulário. É que sei aproximadamente o que lhe perguntar. Uma coletânea de inscrições romanas, em contrapartida, me diz pouco. Se com dificuldade consigo lê-las, não sei solicitá-las. Em outros termos, toda investigação histórica supõe, desde seus primeiros passos, que a busca tenha uma direção. No princípio, é o espírito.[31] Nunca [em nenhuma ciência,] a observação passiva gerou algo de fecundo. Supondo, aliás, que ela seja possível.[32]

Com efeito, não nos deixemos enganar. Acontece, sem dúvida, de o questionário permanecer puramente instintivo. Entretanto ele está ali. Sem que o trabalhador tenha consciência disso, seus tópicos lhe são ditados pelas afirmações ou hesitações que suas explicações anteriores inscreveram obscuramente em seu cérebro, através da tradição, do senso comum, isto é, muito frequentemente, dos preconceitos comuns. Nunca se é tão receptivo quanto se acredita. Não há pior conselho a dar a um iniciante do que esperar [assim], numa atitude de aparente submissão, a inspiração do documento. Com isso, mais de uma investigação de boa vontade destinou-se ao fracasso ou à insignificância[33].

Naturalmente, é necessário que essa escolha ponderada de perguntas seja extremamente flexível, suscetível de agregar, no caminho, uma multiplicidade de novos tópicos, e aberta a todas as surpresas. De tal modo, no entanto, que possa desde o início servir de ímã às limalhas do documento. O explorador sabe muito bem, previamente, que o itinerário que ele estabelece, no começo, não será seguido ponto a ponto. Não ter um, no entanto, implicaria o risco de errar eternamente ao acaso.

A diversidade dos testemunhos históricos é[34] quase infinita. Tudo que o homem diz ou escreve, tudo que fabrica, tudo que toca pode e deve informar sobre ele. É curioso constatar o quão imperfeitamente as pessoas alheias a nosso trabalho

---

30]verdadeiramente[
31]Isso é verdade para a história assim como para qualquer ciência.[
32 Na primeira redação, encontramos este § e o seguinte em duas ocasiões: no capítulo I e no capítulo II com importantes alterações.
33]Mais vale cem vezes uma escolha explícita e racional das perguntas[
34], já tive oportunidade de indicar,[

avaliam a extensão dessas possibilidades. É que continuam a se aferrar a uma ideia obsoleta de nossa ciência: a do tempo em que não se sabia ler senão os testemunhos voluntários. Criticando a "história tradicional" por deixar na penumbra "fenômenos consideráveis", porém "prenhes de consequências, mais capazes de modificar a vida futura do que todos os acontecimentos políticos", o sr. Paul Valéry propõe como exemplo "a conquista da terra" pela eletricidade. Quanto a isso, aplaudi-lo-emos de pé. Infelizmente é bastante exato que esse imenso tema ainda não gerou nenhum trabalho sério[35]. Mas quando, arrastado, de certo modo, pelo [próprio] excesso de sua severidade em justificar o erro que acaba de denunciar, o sr. Valéry acrescenta que esses fenômenos "escapam" necessariamente ao historiador pois, prossegue, "nenhum documento os menciona expressamente", a acusação, dessa vez, ao passar do cientista para a ciência, engana-se de destinatário. Quem acreditará que as empresas de eletricidade não tenham seus arquivos, seus balanços de consumo, seus mapas de extensão das redes? Os historiadores, diz o senhor, omitiram-se de interrogar esses documentos. É um [grande] erro da parte deles certamente — a menos [todavia] que a responsabilidade [disso] caiba aos guardiães [talvez] ciosos demais de tantos belos tesouros. Portanto, tenha paciência. A história ainda não é tal como deveria ser. Não é uma razão para imputar à história tal como pode ser escrita o peso de erros que só pertencem à história mal-compreendida.

Desse caráter maravilhosamente díspare de nossos materiais nasce entretanto uma dificuldade: bastante grave na verdade[36] para contar entre os [três ou quatro grandes] paradoxos do ofício de historiador.

Seria uma grande ilusão imaginar que a cada problema histórico corresponde um tipo único de documentos, específico para tal emprego. Quanto mais a pesquisa, ao contrário, se esforça por atingir os fatos profundos, menos lhe é permitido esperar a luz a não ser dos raios convergentes de testemunhos muito diversos em sua natureza. Que historiador das religiões se contentaria em compilar tratados de teologia ou coletâneas de hinos? Ele sabe muito bem que as imagens pintadas ou esculpidas nas paredes dos santuários, a disposição e o mobiliários dos túmulos têm tanto a lhe dizer sobre as crenças e as sensibilidades mortas quanto muitos escritos. Assim como o levantamento das crônicas ou dos documentos, nosso conhecimento das invasões germânicas depende da arqueologia funerária e do estudo dos nomes de lugares. À medida que nos aproximamos de nossa época, essas exigências tornam-se sem dúvida diferentes. Nem por isso se tornam menos imperiosas. Para compreender as sociedades atuais, será que basta mergulhar na

---

35]. As rotinas que falseiam assim nossa imagem do mundo merecem todos os opróbrios[
36]— embora geralmente desapercebida das pessoas que julgam de fora —[

leitura dos debates parlamentares ou dos autos de chancelaria? Não será preciso também saber interpretar um balanço de banco: texto, para o leigo, mais hermético do que muitos hieróglifos? O historiador de uma época em que a máquina é rainha aceitará que se ignore como são constituídas e modificadas as máquinas?

Ora, se quase todo problema humano importante pede assim o manejo de testemunhos de tipos opostos, é, ao contrário, de absoluta necessidade que as técnicas eruditas se distingam por tipos de testemunhos. O aprendizado de cada uma delas é longo; sua posse plena exige uma prática mais longa ainda e quase constante. Um número muito pequeno de trabalhadores [, por exemplo,] pode se vangloriar de estar igualmente bem preparado para ler e criticar um documento medieval; para interpretar corretamente os nomes de lugares (que são, antes de tudo, fatos de linguagem); para datar, sem erro, os vestígios do hábitat pré-histórico, celta, galo-romano; para analisar as associações vegetais de um prado, de uma charneca, de uma landa. Sem tudo isso porém[37], como pretender escrever a história da ocupação do solo? Poucas ciências, creio, são obrigadas a usar, simultaneamente, tantas ferramentas distintas. É que os fatos humanos são mais complexos que quaisquer outros. É que o homem se situa na ponta extrema da natureza.

É bom, a meu ver, é indispensável que o historiador possua ao menos um verniz de todas as principais técnicas de seu ofício. Mesmo apenas a fim de saber avaliar, previamente, a força da ferramenta e as dificuldades de seu manejo. A lista das "disciplinas auxiliares" cujo ensino propomos a nossos iniciantes é demasiado restrita. Por qual absurdo paralogismo, deixamos que homens que, boa parte do tempo, só conseguirão atingir os objetos de seus estudos através das palavras ignorem, entre outras lacunas, as aquisições fundamentais da linguística[38]? No entanto, por maior que seja a variedade de conhecimentos que se queira proporcionar aos pesquisadores mais bem armados, elas encontrarão sempre, e geralmente muito rápido, seus limites. Nenhum remédio então senão substituir a multiplicidade de competências[39] em um mesmo homem por uma aliança de técnicas praticadas por eruditos diferentes, mas [todas] voltadas para a elucidação de um tema único. Esse método supõe o consentimento no trabalho por equipes. Exige também a definição prévia, por comum acordo, de alguns grandes problemas predominantes. São êxitos de que nos encontramos ainda bastante distantes. Eles determinam porém, numa larga medida — não duvidemos —, o futuro de nossa ciência.

37]— ao lado de ainda muitas outras coisas —[
38 Aqui, na primeira redação, inseria-se um exemplo que foi modificado e deslocado para o capítulo IV na redação definitiva.
39]técnicas[

3. A transmissão dos testemunhos

Reunir os documentos que estima necessários é uma das tarefas mais[40] difíceis do historiador. De fato ele não conseguiria realizá-la sem a ajuda de guias diversos: inventários de arquivos ou de bibliotecas, catálogos de museus, repertórios bibliográficos de toda sorte[41]. Vê-se [às vezes] pedantes à cavaleiro[42] espantarem-se com o tempo sacrificado por alguns eruditos a compor semelhantes obras, por todos os trabalhadores a se informar sobre sua existência e seu manejo. Como se graças às horas assim gastas em tarefas que, por não deixarem de[43] ter um atrativo oculto, carecem certamente de brilho romanesco, o mais terrível dispêndio de energia não se visse finalmente poupado[44]. Apaixonado, por todos os motivos, pela história do culto dos santos[45], [suponham que] ignoro a *Bibliotheca hagiographica latina*[46] dos Padres bollandistas: [imaginarão com dificuldade, caso não sejam especialistas,] a soma de esforços estupidamente inúteis [que essa lacuna de meu equipamento] não deixará de me custar. O que convém lamentar, na verdade, não é que já possamos colocar nas prateleiras de nossas bibliotecas uma quantidade notável desses instrumentos (cuja enumeração, matéria por matéria, pertence aos livros específicos de orientação). É que ainda não sejam suficientemente numerosos, sobretudo para as épocas menos afastadas de nós; que o seu estabelecimento, particularmente na França, obedeça apenas por exceção a um plano de conjunto racionalmente concebido; que sua atualização, enfim, seja muito frequentemente abandonada aos caprichos dos indivíduos ou à parcimônia mal-informada de algumas editoras. O primeiro tomo das admiráveis *Fontes da história da França*, que devemos a Émile Molinier, não foi reeditado desde sua primeira edição em 1901. Esse simples fato equivale a um ato de acusação[47]. A ferramenta [, decerto,] não faz a ciência. Mas uma sociedade que pretende respeitar as ciências não deveria se desinteressar de suas ferramentas. Sem dúvida, quanto a isso, também seria sensata em não se reportar a corpos acadêmicos, uma vez que seu

---

40]longas e mais[
41], coletâneas de textos ou de representações gráficas, classificadas por natureza[
42]fingindo[
43]sempre[
44]Se[
45]na Europa católica[
46]elaborada pelos[
47]Renan não será, creio, suspeito de insensibilidade às ideias ou à poesia. Escritas em 1841, suas palavras a propósito desse gênero de trabalhos permanecem sempre verdadeiras e sempre incompreendidas: "Afirmo-vos que os cerca de cem mil francos que um ministro da Educação Pública destinariam para isso seriam melhor empregados do que três quartos daqueles consagrados às letras."[

recrutamento, favorável à preeminência da idade e propícia aos bons alunos, não predispõe particularmente ao espírito de empreendimento. Nossa Escola de Guerra e nossos estados-maiores não são os únicos, em nosso país, a ter conservado a mentalidade do carro de bois na época do automóvel.

Entretanto, por mais bem feitos, por mais abundantes que possam ser, esses marcos indicadores seriam somente de pouca serventia para um trabalhador que não tivesse, previamente, alguma ideia do terreno a explorar. A despeito do que às vezes parecem imaginar os iniciantes, os documentos não surgem, aqui ou ali, por efeito [de não se sabe] qual misterioso decreto dos deuses. Sua presença ou ausência em tais arquivos, em tal biblioteca[48], em tal solo deriva de causas humanas que não escapam de modo algum à análise, e os problemas que sua transmissão coloca, longe de terem apenas o alcance de exercícios de técnicos, tocam eles mesmos no mais íntimo da vida do passado, pois o que se encontra assim posto em jogo é nada menos do que a passagem da lembrança através das gerações. À frente das obras históricas do gênero sério, o autor em geral coloca uma lista das cotas de arquivos que vasculhou, das coletâneas de que fez uso. Isso é muito bom. Mas não basta. Todo livro de história digno desse nome deveria comportar um capítulo ou [, caso se prefira], inserida nos pontos de inflexão da exposição, uma série de parágrafos que se intitulariam algo como: "Como posso saber o que vou lhes dizer?" Estou convencido de que, ao tomar conhecimento dessas confissões, inclusive os leitores que não são do ofício experimentariam um verdadeiro prazer intelectual. O espetáculo da busca, com seus sucessos e reveses, raramente entedia. É o tudo pronto que espalha o gelo e o tédio.[49]

Ocorre-me[50] receber a visita de trabalhadores que desejam escrever a história de sua aldeia. Normalmente atenho-me aos seguintes comentários, que apenas simplifico um pouco a fim de evitar detalhes de erudição que aqui seriam fora de propósito. "As comunidades camponesas só possuíram arquivos rara e tardiamente. As senhorias, ao contrário, sendo empreendimentos relativamente bem organizados e dotados de continuidade, em geral preservaram desde cedo seus dossiês. Para todo o período anterior a 1789 e, especialmente, para as épocas mais antigas, os principais documentos dos quais vocês podem esperar se servir serão documentos portanto de proveniência senhorial. Daí resulta [, por sua vez,] que a primeira pergunta à qual terão de responder e de que tudo vai depender vai ser esta: em 1789, qual era o senhor da aldeia?" (De fato, a existência simultânea de

---

48]de manuscritos[
49 Na primeira redação seguia-se um § bem curto, que foi suprimido nesta redação.
50], profissionalmente,[

vários senhores, entre os quais a aldeia teria sido dividida, não é absolutamente inverossímil; mas, para sermos breves, deixaremos de lado essa suposição.) "Três eventualidades são concebíveis. A senhoria pode ter pertencido a uma igreja; a um leigo que [, sob a Revolução,] emigrou; ainda a um leigo que, ao contrário, nunca emigrou. O primeiro caso é, de longe, o mais favorável. O arquivo não apenas tem chance de ser melhor preservado[51] e há mais tempo. Foi certamente confiscado, a partir de 1790, ao mesmo tempo em que as terras, por aplicação da Constituição civil do clero. Levado então para algum depósito público, pode-se sensatamente esperar que continue hoje ali, praticamente intacto, à disposição dos eruditos. A hipótese do emigrado merece ainda uma [muito] boa observação. Aí também, ele deve ter[52] sido apreendido e transferido; no máximo o risco de uma destruição voluntária, como vestígio de um regime amaldiçoado, parecerá um pouco mais temível. Resta a última possibilidade. Ela seria infinitamente incômoda. Os "*ci-devant*", com efeito, na medida em que não deixavam a França nem caíam de alguma outra maneira, sob o golpe das leis de Salvação Pública, não eram absolutamente atingidos em seus bens. Perdiam, sem dúvida, seus direitos senhoriais, uma vez que estes haviam sido universalmente abolidos. Conservavam o conjunto de suas propriedades pessoais; por conseguinte, seus dossiês de negócios. Jamais tendo sido reclamados pelo Estado, as peças que buscamos terão nesse caso simplesmente sofrido a sorte comum a todos os papéis de família durante o século XIX e o século XX. Supondo que não tenham se extraviado, sido comidos pelos ratos ou dispersados, ao sabor das vendas e heranças, entre os celeiros de três ou quatro casas de campo diferentes, nada obrigará seu detentor atual a [lhes] comunicá-los.[53]

[Cito esse exemplo porque me parece absolutamente típico das condições que frequentemente determinam e limitam a documentação. Não seria desinteressante analisar, mais de perto, seus ensinamentos.]

O[54] papel desempenhado pelos confiscos revolucionários que acabamos de ver é o de uma deidade não raro propícia ao pesquisador: a catástrofe. Incontáveis municípios romanos se transformaram em banais cidadezinhas italianas, onde o arqueólogo descobre penosamente alguns vestígios da Antiguidade; foi só a erupção do Vesúvio que preservou Pompeia[55].

51]em ordem[
52], em 1790,[
53]Diante de tal situação, não é improvável que a única saída seja finalmente renunciar ao estudo projetado.[
54]No exemplo que acabamos de ler, o[
55]detendo bruscamente a cadeia de seu destino[

Decerto, os grandes desastres da humanidade estão longe de sempre terem servido à história. Com os manuscritos literários e historiográficos amontoados, os inestimáveis dossiês da burocracia imperial [romana] soçobraram na confusão das Invasões. Sob nossos olhos, as duas guerras mundiais riscaram de um solo, carregado de glória, monumentos e depósitos de arquivos; nunca mais poderemos folhear as cartas dos velhos comerciantes de Ypres, e presenciei, durante a derrota, o prontuário de um exército queimar.

No entanto, por sua vez, a pacífica continuidade de uma vida social sem rasgos de febre mostra-se menos favorável do que às vezes se acredita à transmissão da memória. São as revoluções que forçam as portas dos armários de ferro e obrigam os ministros à fuga, antes que tenham achado tempo para queimar suas notas secretas. Nos antigos arquivos judiciários, os fundos de falências têm disponíveis atualmente os papéis de empresas que, se lhes houvesse sido dada a oportunidade de levar a cabo uma existência frutífera e honrada, acabariam por destinar à destruição o conteúdo de suas papeleiras. Graças à admirável permanência das instituições monásticas, a abadia de Saint-Denis conservava ainda, em 1789, os diplomas que lhe haviam sido outorgados, mais de mil anos antes, pelos reis merovíngios. Mas é nos Arquivos Nacionais que os lemos hoje. Se a comunidade dos monges dionisianos tivesse sobrevivido à Revolução, seria certo que nos permitiria vasculhar em seus cofres? Tampouco, talvez, a Companhia de Jesus abrisse ao profano o acesso a seus acervos, cuja falta faz com que tantos problemas da história moderna permaneçam [para sempre] desesperadamente obscuros, ou o Banco da França convidasse os especialistas em Primeiro Império a consultar seus registros, mesmo os mais poeirentos, tanto a mentalidade do iniciado é inerente a todas as corporações. Eis onde o historiador do presente se vê nitidamente em desvantagem: fica quase totalmente privado dessas confidências involuntárias. Em compensação, dispõe, é verdade, das indiscrições que lhe cochicham seus amigos ao ouvido. A informação, infelizmente, distingue-se mal da bisbibilhotice. Um bom cataclisma resolveria [frequentemente] melhor nosso caso.

Será assim pelo menos até que, renunciando a se entregar às suas próprias tragédias com essa disposição, as sociedades consintam enfim a organizar racionalmente, com sua memória, o conhecimento de si mesmas. Só conseguirão isso lutando corpo a corpo com os dois principais responsáveis pelo esquecimento e pela ignorância: a negligência, que extravia os documentos; e [, mais perigosa ainda,] a paixão pelo sigilo — sigilo diplomático, sigilo dos negócios, sigilo das famílias que os esconde ou destrói. É natural[56] que o notário tenha o dever de não revelar as operações de seu cliente. Mas que lhe seja permitido envolver em tão

---

56], é bom[

impenetrável mistério os contratos passados pelos clientes de seu bisavô — ao passo que, por outro lado, nada lhe proíbe seriamente deixar essas peças[57] se irem na poeira —,[58] nossas leis [, quanto a isso,] de fato exalam bolor. Quanto aos motivos que fazem com que a maioria das grandes empresas recuse tornar públicas as estatísticas mais indispensáveis a um saudável comportamento da economia nacional, são raramente dignos de respeito. Nossa civilização terá realizado um grande progresso no dia em que a dissimulação, erigida em método de ação e quase em virtude burguesa, ceder lugar ao gosto pela informação, isto é, necessariamente, pelas trocas de informações.

[Voltemos entretanto à nossa aldeia.] As circunstâncias que, nesse caso preciso, decidem sobre a perda ou a preservação, sobre a acessibilidade ou a inacessibilidade dos testemunhos, têm sua origem nas forças históricas de caráter geral; não apresentam nenhum traço que não seja perfeitamente inteligível; mas são desprovidas de qualquer relação lógica com o objeto da investigação cujo desfecho se acha, no entanto, colocado sob sua dependência! Pois não se vê evidentemente por que o estudo de uma pequena comunidade rural, na Idade Média, por exemplo, seria mais ou menos instrutivo conforme, alguns séculos mais tarde, o senhor do momento resolvesse ou não ir engrossar a reunião de Koblenz[59]. Nada mais frequente do que esse desacordo. [Ao mesmo tempo, se conhecemos o Egito romano infinitamente melhor do que a Gália, não é que mostremos um interesse mais vivo pelos egípcios do que pelos galo-romanos: o ambiente seco e os ritos funerários da mumificação preservaram lá os escritos que o clima do Ocidente e seus costumes destinavam, ao contrário, a uma rápida destruição. Entre as causas que fazem o sucesso ou o fracasso da caça aos documentos e os motivos que tornam esses documentos desejáveis, nada há, em geral, de comum: é o elemento irracional, impossível de eliminar, que confere a nossas pesquisas um pouco desse trágico interior em que tantas obras do espírito veem talvez, com seus limites, uma das razões secretas de sua sedução.

Além disso, no exemplo citado, o destino dos documentos, aldeia por aldeia, torna-se, uma vez conhecido o fato crucial, praticamente previsível. Não é sempre o caso.] O resultado final deve-se às vezes ao encontro de um número tão grande de cadeias causais totalmente independentes uma das outras que qualquer previsão se verifica impossível. Sei que quatro incêndios sucessivos, depois uma pilhagem, devastaram os arquivos da antiga abadia de Saint-Benoît-sur-Loire; como,

---

57]se perderem,[
58]as prescrições de[
59 Algumas frases da primeira redação foram suprimidas aqui.

explorando esse filão, eu adivinharia previamente que tipos de autos essas devastações pouparam preferencialmente? O que foi chamado de migração dos manuscritos oferece um tema de estudos do maior interesse; as passagens de uma obra literária através das bibliotecas, a execução das cópias, o cuidado ou a negligência dos bibliotecários [e dos copistas] são alguns dos traços pelos quais se exprimem, ao vivo, as vicissitudes da cultura e o variável jogo de suas grandes correntes. Mas o erudito mais bem informado teria sido capaz de anunciar, antes de sua descoberta, que o manuscrito único da *Germania* de Tácito acabou parando, no século XVI, no mosteiro de Hersfeld? Em suma, há, no fundo de [quase] toda pesquisa documentária, um resíduo de inopinado e, por conseguinte, de risco. Um trabalhador, que tenho alguns motivos para conhecer bem, contou-me que, ao esperar, sem mostrar muita impaciência, na costa bombardeada de Dunquerque, um incerto embarque, um de seus colegas lhe disse com cara de espanto: "É estranho! Você não parece detestar a aventura." Meu amigo respondeu que, a despeito do preconceito corrente, o hábito da pesquisa não é de modo algum desfavorável, com efeito, a uma aceitação bem tranquila da aposta com o destino.

Capítulo III

A crítica

1. Esboço de uma história do método crítico

Que a palavra das testemunhas não deve ser obrigatoriamente digna de crédito,[1] os mais ingênuos dos policiais sabem bem[2]. Livres, de resto, para nem sempre tirar desse conhecimento teórico o partido que seria preciso. Do mesmo modo, há muito tempo estamos alertados no sentido de não aceitar cegamente todos os testemunhos históricos. Uma experiência, quase tão velha como a humanidade, nos ensinou que mais de um texto se diz de[3] outra proveniência do que de fato é: nem todos os relatos são verídicos e os vestígios materiais, [eles] também, podem ser falsificados. Na Idade Média, diante da própria abundância de falsificações[4], a dúvida foi [frequentemente] como um reflexo natural de defesa[5]. "Com tinta, qualquer um pode escrever qualquer coisa", exclamava, no século XI, um fidalgo provinciano loreno, em processo contra monges que armavam-se de provas documentais contra ele. A *Doação de Constantino* — essa espantosa elucubração que um clérigo romano do século VIII assinou sob o nome do primeiro César cristão — foi, três séculos mais tarde, contestada nos círculos do mui pio imperador Oto III. As falsas relíquias são procuradas desde que as relíquias existem.

No entanto, o ceticismo de princípio não é uma atitude intelectual mais estimável ou mais fecunda que a credulidade, com a qual, aliás, combina-se facilmente em muitos espíritos um pouco simplistas. Conheci, durante a outra guerra, um simpático veterinário que, não sem alguma aparência de razão, recusava-se sistematicamente a dar qualquer crédito às notícias dos jornais. Mas se alguém[6] despejasse em seu ouvido boatos dos mais inverossímeis, deliciava-se.

1]mesmo[
2]e de longa data[
3]de uma outra época ou de[
4], característica de uma mentalidade essencialmente tradicionalista — à força de depositar sua fé no passado, acabava-se por inventá-lo —[
5](reação) muito menos excepcional do que às vezes se imagina[
6], encontrado num trem ou durante uma escala,[

[Do mesmo modo a crítica de simples bom senso, que por muito tempo foi a única praticada, e a qual às vezes seduz certos espíritos, não podia ir muito longe. O que é com efeito, o mais das vezes, esse pretenso bom senso? Nada mais que um composto de postulados disparatados e de experiências precipitadamente generalizadas. Trata-se do mundo físico? Ele negou os antípodas; nega o universo einsteiniano; trata como fábula o relato de Heródoto segundo o qual, ao dar a volta na África, os navegadores em certo dia viam o ponto onde o Sol nasce passar de sua direita para a esquerda. Trata-se de atos humanos? O pior é que as observações alçadas assim à eternidade são obrigatoriamente extraídas de um momento muito curto da duração: o nosso. Aí residiu o principal vício da crítica voltairiana, aliás, não raro, muito penetrante. Não apenas as bizarrices individuais são de todas as épocas, como mais de um estado de alma outrora comum nos parece bizarro porque não o compartilhamos mais. O "bom senso", parece, proibiria aceitar que o imperador Oto I tenha sido capaz de subscrever, a favor dos papas, concessões territoriais inaplicáveis que desmentiam seus atos anteriores e que seus atos posteriores nem levavam em conta. É preciso acreditar, contudo, que ele não tinha o espírito configurado do mesmo modo que nós — que, mais precisamente, colocava-se, em sua época, entre o escrito e a ação, uma distância cuja extensão nos surpreende —, uma vez que o privilégio é incontestavelmente autêntico.]

O verdadeiro progresso veio no dia em que a dúvida tornou-se, como dizia Volney, "examinadora"; em que regras [objetivas] em outros termos foram pouco a pouco elaboradas, as quais, entre a mentira e a verdade, permitem uma triagem. O jesuíta von Paperbroeck, ao qual a leitura das *Vidas dos santos* inspirara uma incoercível desconfiança em relação à herança da [alta] Idade Média inteira, considerava falsos todos os diplomas merovíngios preservados nos mosteiros. Não, responde em substância Mabillon; existem, incontestavelmente, diplomas inteiramente forjados, remanejados ou interpolados; há também os autênticos; e eis como é possível distinguir uns dos outros. Nesse ano — [1681,] ano da publicação do *De re diplomatica*, uma grande data, na verdade, na história do espírito humano — a crítica de documentos foi [definitivamente] fundada.

[Esse foi certamente aliás, de todo modo, o momento decisivo na história do método crítico. O humanismo do período precedente tivera suas veleidades e suas intuições. Não havia ido mais longe. Nada mais característico do que uma passagem dos *Ensaios*. Montaigne nela justifica Tácito por ter narrado prodígios. Cabe, diz, aos teólogos e filósofos discutirem os "créditos comuns". Os historiadores têm apenas de "recitá-las" como suas fontes lhas fornecem. "Que eles antes nos transmitam a história segundo recebem do que segundo estimam." Em outros termos, uma crítica filosófica, apoiada em uma certa concepção da ordem natural ou divina, é perfeitamente legítima; e entendemos, de resto, que Montaigne não endossa os milagres de Vespasiano; tampouco muitos outros. Mas o exame especificamente histórico de um testemunho enquanto tal visivelmente não capta bem como sua prática seria possível. A doutrina de pesquisa foi elaborada apenas ao longo do século XVII, século cuja verdadeira grandeza não colocamos onde deveríamos, e, sobretudo, por volta de sua segunda metade[7].]

Os próprios homens dessa época tiveram consciência disso. Era um lugar-comum[8], entre 1680 e 1690, denunciar como moda do momento o "pirronismo da história". "Diz-se", escreve Michel Levassor comentando esse termo, "que a retidão do espírito consiste em não acreditar levianamente e em saber duvidar de várias descobertas". A própria palavra crítica [, que não designara até então senão um juízo de gosto,] adquire então o sentido de prova de veracidade. Só arriscamos seu uso pedindo desculpas antes. Pois "não pertence absolutamente ao uso culto": entendam que também existe um sabor técnico. No entanto, triunfa cada vez mais. Bossuet a mantém prudentemente à distância: quando fala de "nossos autores críticos", adivinhamos seu dar de ombros. Mas Richard Simon a inscreve no título de quase todas as suas obras. Os mais alertas não se deixam enganar [aliás]: o que esse nome anuncia é justamente a descoberta de um método [, de aplicação quase universal]. A crítica, "essa espécie de archote que nos ilumina e conduz pelas estradas obscuras da Antiguidade, fazendo-nos distinguir o verdadeiro do falso": assim se exprime Elias du Pin. E Bayle,[9] ainda mais nitidamente: "O sr. Simon espalhou nessa novela *Réponse* diversas regras de crítica que podem servir não apenas para entender as Escrituras, mas também para ler com desfrute outras obras."

Ora, confrontemos algumas datas de nascimento: Paperbroeck — que, embora se enganasse sobre documentos, não deixa de ter seu lugar, na primeira fila, entre os fundadores da crítica aplicada à historiografia —, 1628; Mabillon, 1632; Richard Simon, cujos trabalhos predominam nos primórdios da exegese bíblica, 1638. Acrescentem, fora da coorte dos eruditos propriamente ditos[10], Espinosa — o Espinosa do *Tratado teológico-político*, essa pura obra-prima de crítica filológica e histórica —, 1632 também. [No sentido mais correto da palavra,] é uma geração cujos contornos ainda se desenham diante de nós [, com uma espantosa nitidez.

---

7 Esse § substitui dois §§ da primeira redação com frases bem diferentes.
8], parece[
9]menos pomposamente, mas[
10 A folha numerada III-5, começando pelas palavras "propriamente ditos" e terminando por "em outros termos", é o resultado de uma nova datilografia em um original e um carbono. Ela subsiste completa no manuscrito: o original com duas correções manuscritas, aqui reproduzido, e a cópia sem nenhuma correção manuscrita.

Mas] é preciso esclarecer mais. É [muito exatamente] a geração que veio à luz no momento em que era publicado o *Discurso do método*.

Não estamos falando de uma geração de cartesianos. Mabillon, para nos atermos a ele, era um monge devoto [, ortodoxo com simplicidade e] que nos deixou como último escrito um tratado da *Morte cristã*. Desconfia-se de que não tenha conhecido muito de perto a nova filosofia [, na época tão suspeita a tanta gente piedosa]; ainda mais porque, caso houvesse tido algumas de suas luzes, teria encontrado ali muitos temas a serem aprovados. Por outro lado — por mais que pareçam sugerir algumas páginas, talvez demasiado célebres, de Claude Bernard —, as verdades de evidência, de caráter matemático, cujo caminho a dúvida metódica, em Descartes, tem por missão abrir, apresentam poucos traços em comum com as probabilidades cada vez mais aproximativas que a crítica histórica, como as ciências de laboratório, se contenta em deduzir. Mas, para que uma filosofia impregne toda uma época, não é necessário nem que aja exatamente ao pé da letra, nem que [a maioria] dos espíritos[11] sofra seus efeitos de outro modo que não por uma espécie de osmose, frequentemente [semi-] inconsciente. [Assim como a "ciência" cartesiana,] a crítica do testemunho histórico faz tábula rasa da credulidade. [Assim como a ciência cartesiana,] ela procede a essa implacável inversão de todos as bases antigas apenas a fim de conseguir com isso novas certezas (ou grandes probabilidades), agora devidamente comprovadas. [Em outros termos,] a ideia que a inspira[12] [supõe uma reviravolta quase total das concepções antigas da dúvida. A ideia de que essas feridas pareçam um sofrimento ou de que na dúvida encontremos, ao contrário, não sei que nobre suavidade só havia sido considerada, até então, uma atitude mental puramente negativa, uma simples ausência. Estima-se agora que], racionalmente conduzida, possa tornar-se um instrumento de conhecimento. É uma ideia cujo surgimento se situa em um momento muito preciso da história do pensamento.

A partir daí as regras essenciais do método crítico estavam [em suma] fixadas[13]. Seu alcance geral era tão simples que no século XVIII, entre os temas mais frequentemente propostos pela Universidade de Paris no concurso de *agrégation*

11]submetidos à sua influência[
12]é que a dúvida[
13 A folha numerada III-6, começando pelas palavras "em suma fixadas" e concluindo por "Não sendo mais guiado de cima, ele", é resultado de uma nova datilografia em um original e uma cópia, que subsistem. O carbono, aqui reproduzido, comporta uma rasura importante que é assinalada adiante. O original não comporta nenhuma correção.
]Vamos encontrá-las no *Primeiro discurso sobre a história eclesiástica* do padre Fleury — publicado em .... *(data ilegível)* —, uma exposição bem razoável que d'Alembert, na *Enciclopédia*, apenas reproduzirá.[

dos filósofos, vemos figurar o seguinte, que soa curiosamente moderno: "Do testemunho dos homens sobre os fatos históricos". Não é [certamente] que as gerações seguintes não tenham[14] trazido ao aparato[15] muitos aperfeiçoamentos. Sobretudo, generalizaram bastante seu emprego e estenderam consideravelmente suas aplicações[16].

Por muito tempo as técnicas da crítica foram praticadas, pelo menos de maneira assídua, quase que exclusivamente por um punhado de eruditos, exegetas e curiosos. Os escritores dedicados a compor obras históricas com um certo arroubo não se preocupavam em se familiarizar com essas receitas [de laboratório], a seu ver [muito] demasiadamente minuciosas, e era com dificuldade que consentiam em levar em conta seus resultados. Ora, nunca é bom, segundo as palavras de Humboldt, os químicos recearem "molhar as mãos". Para a história, o perigo de um tal cisma entre preparação e realização tem uma dupla face. [Atinge, primeira e cruelmente,] os grandes ensaios de interpretação. Estes não faltam [não apenas, com isso,] ao dever primordial da veracidade [, pacientemente buscada]; privados, além disso, dessa perpétua renovação, dessa surpresa sempre renascente que a luta com o documento é a única a proporcionar, torna-se-lhes impossível escapar a uma[17] oscilação sem trégua entre alguns temas [estereotipados] impostos pela rotina. Mas o próprio trabalho técnico não sofre menos. Não sendo mais guiado de cima, arrisca-se[18] a se agarrar indefinidamente a problemas insignificantes ou mal-formulados. Não existe pior desperdício do que o da erudição quando gira no vazio, nem soberba mais deslocada do que o orgulho do instrumento que se toma por um fim em si.

Contra esses perigos, o esforço consciencioso do século XIX lutou bravamente. [A escola alemã, Renan, Fustel de Coulanges restituíram à erudição sua condição intelectual. O historiador foi levado à mesa de trabalho.] A partida, entretanto, foi totalmente ganha? Acreditar nisso seria mostrar muito otimismo. [Em grande parte o trabalho de pesquisa continua a andar aos trancos e barrancos, sem escolha racional de seus pontos de aplicação. Sobretudo, a necessidade crítica não conse-

---

14], pouco a pouco,[
15]crítico[
16 Aqui, na primeira redação encontra-se um § começando pelas palavras "Os primeiros eruditos" e terminando com "o comércio das antiguidades egípcias"; o §, na redação definitiva, foi deslocado.
17]espécie de[
18 A folha numerada III-7, começando pela palavra "arrisca-se" e terminando com "o pitoresco de fancaria", é resultado de uma nova datilografia em um original e um carbono. O carbono, aqui reproduzido, comporta diversas palavras riscadas e raras correções manuscritas. O original subsiste e não comporta nenhuma correção manuscrita.

guiu conquistar plenamente essa opinião das pessoas de bem (no sentido antigo do termo) cujo assentimento, sem dúvida necessário à higiene moral de toda ciência, é mais particularmente indispensável[19] à nossa. Tendo os homens por objeto de estudo, como, se os homens deixam de nos compreender, não ter o sentimento de só realizar nossa missão pela metade?

Talvez, aliás, não a tenhamos, na realidade, exercido plenamente. O esoterismo rebarbativo em que às vezes os melhores dentre nós persistem em se encerrar; em nossa produção de leitura corrente, a preponderância do triste manual, que a obsessão de um ensino mal concebido coloca no lugar de uma verdadeira síntese; o pudor singular que, mal saídos da oficina, parece nos proibir de colocar sob os olhos dos leigos as nobres apalpadelas de nossos métodos: todos esses maus hábitos, nascidos da acumulação de preconceitos contraditórios, comprometem uma causa entretanto bela. Conspiram para entregar, sem defesa, a massa dos leitores aos falsos brilhantes de uma pretensa história, da qual a ausência de seriedade, o pitoresco de fancaria, os *partis pris* políticos pensam ser resgatados por uma imodesta segurança; ali onde Maurras, Bainville ou Plekhanov afirmam, Fustel de Coulanges ou Henri Pirenne teriam duvidado. Entre a investigação histórica tal como é feita ou aspira a ser feita e o público que lê, incontestavelmente subsiste um mal-entendido.] Para colocar em jogo, das duas partes, tantos divertidos defeitos, a grande polêmica a respeito das notas não é o menos significativo dos sintomas.

[As margens inferiores das páginas exercem em muitos eruditos uma atração que beira a vertigem.] É certamente absurdo entulhar seus brancos, como eles o fazem, de remissões bibliográficas, as quais uma lista feita no início do volume teria, em sua maioria, poupado, ou, pior ainda, reservar esse espaço, por pura preguiça, a longos desenvolvimentos cujo lugar estava marcado no próprio corpo da exposição: de modo que o mais útil desses trabalhos é [frequentemente] no porão que é preciso[20] buscar. Mas quando alguns leitores se queixam de que a menor linha que seja, bancando a insolente no rodapé do texto, lhes confunde o cérebro, quando certos editores pretendem que seus fregueses, sem dúvida menos hipersensíveis, na realidade, do que se costuma pintá-los, martirizam-se à vista de qualquer folha assim desonrada, [esses delicados simplesmente provam sua impermeabilidade aos mais elementares preceitos de uma moral da inteligência. Pois, fora dos livros jogos da fantasia, uma afirmação não tem o direito de ser produzida senão sob a condição de poder ser verificada; e] cabe ao historiador, no caso de usar um documento, indicar, o mais brevemente, sua proveniência, ou seja, o meio de encontrá-lo equivale, sem mais, a se submeter a uma regra univer-

---

19]boa consciência da[
20]ir[

sal de probidade²¹. [Envenenada de dogmas e de mitos, nossa opinião, mesmo a menos inimiga das luzes, perdeu até o gosto do controle. No dia em que, tomando cuidado, primeiramente, para não repeli-la por um inútil pedantismo, conseguirmos persuadi-la a estimar o valor de um conhecimento por sua solicitude em oferecer o pescoço, previamente, à refutação, as forças da razão terão obtido uma de suas maiores vitórias. É no sentido de prepará-la que trabalham nossas humildes notas, nossas pequenas e minuciosas referências, de que tantos espíritos ilustrados zombam atualmente.]

Os documentos manejados pelos primeiros eruditos eram, no mais das vezes, escritos que se apresentavam por si só ou que eram apresentados, tradicionalmente, como de um autor ou época dados; que contavam deliberadamente estes ou aqueles acontecimentos. Diziam a verdade? Os livros qualificados de "mosaicos" são realmente de Moisés? [E de Clóvis, os diplomas que trazem seu nome?] O que valem os relatos do *Êxodo*? Aí reside o problema. Mas, à medida que a história foi levada a fazer dos testemunhos involuntários um uso cada vez mais frequente, ela deixou de se limitar a ponderar as afirmações [explícitas] dos documentos. Foi-lhe necessário também extorquir as informações que eles não tencionavam fornecer.

[Ora] as regras críticas, que haviam mostrado sua validade no primeiro caso, mostraram-se igualmente eficazes no segundo. Tenho, sob meus olhos, um lote de documentos medievais. Alguns estão datados. Outros, não. Ali onde figura a indicação, será preciso verificá-la: pois a experiência prova que pode ser mentirosa. Está faltando? É importante restabelecê-la. Os mesmos meios irão servir para ambos os casos. Pela escrita (caso se trate de um original), pelo estado da latinidade, pelas instituições às quais faz alusão e o aspecto geral do dispositivo, suponhamos que determinado ato corresponde aos costumes facilmente reconhecíveis dos notários franceses, por volta do ano mil. Caso se apresente como da época merovíngia, eis a fraude denunciada. Está sem data? Ei-la aproximativamente fixada. Do mesmo modo, o arqueólogo, que, ao se propor classificar por períodos e por civilizações artefatos pré-históricos ou rastrear falsas antiguidades, examina, aproxima, distingue as formas ou os procedimentos de fabricação, segundo regras, das duas partes, essencialmente similares²². [O historiador não é, é cada vez me-

---

21]Tenho, neste momento, ao meu lado, um livro interessantíssimo, sobre a Alemanha antes da Reforma. ... Assim como um químico que, ao anunciar uma descoberta, se recusasse a expor a experiência que o levou até ela, pois, diria, "isso aborreceria meu leitor". Várias afirmações me surpreendem. Sem razão, talvez. Gostaria de verificar isso. Não posso fazê-lo, nem ninguém, pois nenhuma indicação me permite voltar à fonte.[

22 A passagem que vai de "tenho, sob meus olhos, ... expansão" substitui:]um cartulário da Idade Média. Certos documentos são providos de indicações cronológicas que eu deveria controlar: pois encontram-se talvez entre elas algumas mentirosas. ... Para classificar, por período e civilização, as ferramentas dos homens pré-históricos — classificação que só ela

nos, esse juiz um pouco rabugento cuja imagem desabonadora, se não tomarmos cuidado, é facilmente imposta por certos manuais introdutórios. Não se tornou, certamente, crédulo. Sabe que suas testemunhas podem se enganar ou mentir. Mas, antes de tudo, preocupa-se em fazê-las falar, para compreendê-las. É uma das marcas mais belas do método crítico ter sido capaz, sem em nada modificar seus primeiros princípios, de continuar a guiar a pesquisa nessa ampliação.

Haveria, no entanto, má vontade em negá-lo: o testemunho ruim não apenas foi o estimulante que gerou os primeiros esforços de uma técnica de verdade. Resta o caso simples de que esta, para desenvolver suas análises, deve necessariamente partir.]

2. Em busca da mentira e do erro

De todos os venenos capazes de viciar o testemunho, o mais virulento é a impostura[23].

Esta [por sua vez] pode assumir duas formas. Em primeiro lugar, o embuste sobre autor e data: a falsificação, no sentido jurídico do termo. Todas as cartas publicadas sob a assinatura de Maria Antonieta não foram escritas por ela: acontece que foram fabricadas no século XIX. Vendida ao Louvre como Antiguidade cito-grega, do século IV antes de nossa era, a tiara dita de Saitafernes foi cinzelada, cerca de 1895, em Odessa. Vem em seguida o embuste sobre o conteúdo. César, em seus *Comentários*, cuja paternidade não lhe poderia ser contestada, deliberadamente deformou muito, omitiu muito. A estátua que se exibe em Saint-Denis como representando Filipe o Audaz é de fato a figura funerária desse rei, tal como foi executada pouco depois de sua morte; mas tudo indica que o escultor se limitou a reproduzir um modelo convencional, que de retrato tem apenas o nome[24].

Ora, esses dois aspectos da mentira levantam problemas bem distintos, cujas soluções não dependem uma da outra.

A maioria dos escritos assinados com um nome suposto mente com certeza também pelo conteúdo[25]. Um pretenso diploma de Carlos Magno revela-se, ao

---

permitirá interpretar esses indícios mudos —, os procedimentos não são sensivelmente diferentes daqueles de um perito chamado a rastrear, por exemplo, as inumeráveis fabricações que o comércio das antiguidades egípcias jogam todo ano no mercado.[
23   Esta frase substitui três frases bem diferentes.
24   A passagem correspondente é bem diferente na primeira redação.
25   ]A fraude, em geral, tem outra razão de ser? A história contemporânea forneceu o

exame, como forjado dois ou três séculos mais tarde? Pode-se apostar mesmo que as generosidades com as quais qualifica a honra ao imperador foram igualmente inventadas. Porém, nem isso poderia ser admitido previamente. [Pois] certos atos foram fabricados com o único fim de repetir as disposições de peças perfeitamente autênticas, que haviam sido perdidas. [Excepcionalmente, uma falsificação pode dizer a verdade.]

Deveria ser supérfluo lembrar que, inversamente, os testemunhos mais insuspeitos em sua proveniência declarada não são, necessariamente, por isso, testemunhos verídicos[26]. Mas antes de aceitar uma peça como autêntica, os eruditos se empenharam tanto em pesá-la em suas balanças que depois nem sempre têm o estoicismo de criticar suas afirmações. A dúvida, em particular, hesita facilmente diante dos escritos que se apresentam ao abrigo de garantias jurídicas impressionantes: atos do poder ou contratos privados, por pouco que estes últimos tenham sido solenemente validados. Nem uns nem outros são contudo dignos de muito respeito[27]. Em 21 de abril de 1834, antes do processo das Sociedades Secretas, Thiers escrevia ao prefeito do Baixo-Reno[28]: "Recomendo-vos dedicar o maior cuidado em fornecer vossa contribuição de documentos para o grande processo em vias de se instruir[29]. O que importa bem esclarecer é a correspondência de todos os anarquistas; é a íntima conexão dos acontecimentos de Paris, Lyon, Estrasburgo; é, em suma, a existência de um vasto complô envolvendo a França inteira." Aqui está incontestavelmente uma documentação oficial bem preparada. Quanto à miragem das cartas devidamente lacradas, devidamente datadas, a menor experiência do presente basta para dissipá-la. Ninguém ignora: os atos lavrados em cartório regularmente pululam de inexatidões voluntárias[30], e lembro-me[31] de já ter no passado pré-datado, por ordem de alguém, minha assinatura

---

exemplo de uma falsificação que alguns se vangloriavam em considerar "patriótica"; não era nada patriótica e os fatos que pretendia relatar afastavam-se radicalmente da verdade.[
26]É preciso insistir nessa regra de bom senso. Pois, por banal que possa parecer, ela nem sempre foi exatamente aplicada. Não é a opinião que convém incriminar aqui. A época não permite mais que incutamos esta máxima aos simples: "Está no jornal. Portanto, é verdade." As propagandas, por seus abusos, destroem-se a si próprias. Em nossos dias, as notícias da imprensa, assim como as das publicações oficiais, encontram nas massas uma incredulidade de princípio que, para a higiene mental do país, não se mostra muito menos carregada de perigos do que a cega credulidade de outrora: a supor, pelo menos, que esta tenha sido tão generalizada como se acredita.[
27 Esta passagem começando aqui por "Mas antes de aceitar uma peça como autêntica, os eruditos..." substitui quatro frases bem diferentes.
28]nestes termos[
29]junto à Câmara de Paris[
30]grandes ou pequenas[
31]pessoalmente[

embaixo de um auto requerido por uma das grandes administrações do Estado[32]. Neste aspecto, nossos pais não eram mais escrupulosos[33]. "Ocorrido em tal dia, em tal lugar", lemos embaixo dos diplomas reais. Mas consultem os relatórios de viagem do soberano. Verão mais de uma vez que, no citado dia, ele passava na verdade uma temporada a muitas léguas dali. Inumeráveis atos de alforria de servos, que ninguém pensaria, em sã consciência, tachar de falsos, afirmam-se concedidos por pura caridade, ao passo que podemos colocar diante deles a fatura da liberdade.

[Mas] não basta constatar o embuste. É preciso também descobrir seus motivos. Mesmo que, a princípio, para melhor rastreá-lo. Enquanto subsistir uma dúvida sobre suas origens, ele permanecerá em si mesmo algo de rebelde à análise; por conseguinte, de apenas até semicomprovado. Acima de tudo, uma mentira enquanto tal é[34], a seu modo, um testemunho[35]. Provar, sem mais, que o célebre diploma de Carlos Magno para a igreja de Aix-la-Chapelle não é autêntico é poupar-se um erro; não é adquirir um conhecimento[36]. Conseguiremos, em contrapartida, determinar que a falsificação foi composta pelos círculos de Frederico Barba-Ruiva? Que iria, por todos os motivos, servir aos grandes sonhos imperiais? Uma nova visão se abre para vastas perspectivas históricas. Eis portanto a crítica levada a buscar, por trás da impostura, o impostor; ou seja, conforme à própria divisa da história, o homem.

Seria pueril pretender enumerar, em sua infinita variedade, as razões que podem levar alguém a mentir. Mas os historiadores, naturalmente levados a intelectualizar em excesso a humanidade, agirão sensatamente ao lembrar que todas essas razões não são sensatas. Em certos seres humanos, a mentira, embora em geral associada, aí também, a um complexo de vaidade ou de recalcamento, torna-se quase, segundo a terminologia de André Gide, um "ato gratuito". O cientista alemão que mourejou para redigir, em excelente grego, a história oriental, cuja paternidade atribuiu ao fictício Sanchoniathon, teria adquirido facilmente, a um custo menor, uma estimável reputação de helenista. Filho de um membro do

---

32 Na primeira redação esta frase era bem mais concretamente desenvolvida:]Lembro-me de pessoalmente já haver subscrito, bem a posteriori, um auto instalado em um liceu de província, datado de um dia em que — com conhecimento das autoridades, que, a fim de evitar uma ridícula dificuldade administrativa, me ordenaram essa assinatura — eu me encontrava retido em Paris, por motivo de doença.[
33]do que nós[
34]também[
35]exprime uma mentalidade; informa sobre as circunstâncias que a inspiraram[
36]positivo[

Instituto, ele próprio, mais tarde, convocado a se sentar nessa honorável companhia, François Lenormant ingressou na carreira, aos 17 anos, mistificando seu próprio pai com a falsa descoberta das inscrições de La Chapelle-Saint-Éloi, inteiramente fabricadas por suas mãos; [já velho e cercado de honrarias] seu último golpe de mestre foi, dizem, publicar, como originárias da Grécia, algumas [banais] antiguidades pré-históricas que ele simplesmente recolhera na *campagne* francesa[37].

Ora, do mesmo modo que indivíduos, existiram épocas mitômanas. Tais como, por volta do final do século XVIII e início do XIX, as gerações pré-românticas e românticas. Poemas [pseudoceltas] atribuídos a Ossian; [epopeias, baladas que Chatterton imaginou escrever em inglês arcaico;] poesias pretensamente medievais de Clotilde de Surville; cantos bretões imaginados por Villemarqué; cantos supostamente traduzidos do croata por Mérimée; cantos heroicos tchecos[38] de Kravoli-Dvor[39] — e assim por diante: é,[40] de uma extremidade a outra da Europa, durante essas décadas, como uma vasta sinfonia de fraudes. A Idade Média[41], sobretudo do século VIII ao XII, apresenta um outro exemplo dessa epidemia coletiva. Decerto, a maioria dos falsos diplomas, dos falsos decretos pontificais, das falsas capitulares,[42] então forjados em tão grande número, o foi por interesse. Assegurar a uma igreja um bem contestado, apoiar a autoridade da Sé romana, defender os monges contra o bispo, os bispos contra os metropolitanos, o papa contra os soberanos temporais, o imperador contra o papa [: os falsários não enxergavam mais longe]. O fato característico não deixa de ser que personagens de uma piedade e, não raro, de uma virtude incontestáveis não hesitavam em lançar mão desses embustes. Visivelmente, não ofuscavam a moralidade comum. Quanto ao plágio[43], parecia [universalmente], nessa época[44], o ato mais inocente do mundo: o analista, o hagiógrafo apropriavam-se sem remorsos, em passagens inteiras, dos escritos de autores mais antigos. [Nada menos "futurista", porém, do que essas duas sociedades, além do mais de tipo tão diferente.] Em sua fé como em seu direito, a Idade Média não conhecia outro fundamento senão a lição de seus ancestrais. O romantismo desejava beber na fonte viva tanto do primitivo como

---

37]. O curioso é que o gosto da mentira assume às vezes o aspecto de uma verdadeira epidemia coletiva[
38]do manuscrito[
39]; crônica inglesa do pseudo-Ingulph; comentário sobre o "sítio da Bretanha", atribuído ao pseudo-Richard de Circencester[
40]quase[
41](já tive oportunidade de assinalar)[
42]que vemos[
43]propriamente dito[
44], como devia parecer por muito tempo ainda[

do popular. Assim, os períodos mais ligados à tradição foram também os que⁴⁵ tomaram mais liberdades com sua herança precisa. Como se, por uma singular revanche de uma irresistível necessidade de criação, à força de venerar o passado, naturalmente se fosse levado a inventá-lo.

No mês de julho de 1857, o matemático Michel Chasles comunicou à Academia das Ciências a existência de todo um lote de cartas inéditas de Pascal, que lhe foram vendidas por seu fornecedor habitual, o ilustre falsário Vrain-Lucas. Resultava daí que o autor das *Provinciales* havia formulado, antes de Newton, o princípio da atração universal. Um cientista inglês se surpreendeu. Como explicar, dizia em substância⁴⁶, que esses textos estejam a par de medidas astronômicas efetuadas⁴⁷ muitos anos depois da morte de Pascal e das quais o próprio Newton só teve conhecimento uma vez⁴⁸ publicadas as primeiras edições de sua obra? Vrain-Lucas não era homem de se constranger por tão pouco. [Voltou para sua mesa de trabalho; e] logo, novamente abastecido por ele⁴⁹, Chasles pôde produzir novos autógrafos. Como assinatura tinham, dessa vez, Galileu; como destinatário, Pascal. Assim, o enigma estava esclarecido: o ilustre astrônomo fornecera as observações; Pascal, os cálculos. Tudo, de ambas as partes, sigilosamente. É verdade: Pascal, por ocasião da morte de Galileu, tinha apenas 18 anos. O quê! Era apenas uma razão a mais para se admirar a precocidade de seu gênio.

Eis, no entanto, observou o infatigável objetor, uma outra estranheza: em uma dessas cartas, datadas de 1641, vemos Galileu queixar-se de só escrever ao preço de muito cansaço para seus olhos. Ora, não sabemos⁵⁰ que, a partir do final [ano] de 1637, ele estava, na realidade, complemente cego? Perdão, replicou pouco depois o bom Chasles, todos acreditaram, concordo, nessa cegueira [até aqui]. Muito erradamente. Pois, surgida oportunamente para confundir o erro comum, posso, agora, lançar nos debates uma peça decisiva. Um outro cientista italiano dava a conhecer a Pascal, em 2 de dezembro de 1641: nessa data, Galileu, cuja vista sem dúvida já vinha se enfraquecendo há vários anos, acabava justamente de a perder por inteiro⁵¹...

Nem todos os impostores, certamente, exibiram tanta fecundidade quanto

---

45], por razões aliás diferentes,[
46], esse desmancha-prazeres,[
47]apenas[
48]já[
49]esse corajoso trabalhador[
50], no entanto, da fonte mais segura[
51]alguns dias antes[

A crítica   101

Vrain-Lucas[52]; nem todos os tolos, a candura de sua lamentável vítima. Mas que o insulto à verdade seja uma engrenagem, que toda mentira arraste[53] forçosamente com ela, em sua esteira, muitas outras, chamadas a se proporcionar, ao menos aparentemente, um mútuo apoio, a experiência da vida ensina e a da história o confirma. Eis por que tantas falsificações célebres se apresentam em cachos.[54] Falsos privilégios da Sé de Canterbury, falsos privilégios do ducado de Áustria [— subscritos por tantos grandes soberanos, de Júlio César a Frederico Barba-Ruiva —], falsificações, na árvore genealógica, do caso Dreyfus [: parece (e só quis citar alguns exemplos) que estamos vendo uma disseminação de colônias microbianas]. A fraude, por natureza, engendra a fraude.

Há, enfim, uma forma[55] mais insidiosa do embuste. Em lugar da contraverdade brutal, [plena e, se me permitem, franca,] há a soturna manipulação: interpolações em documentos autênticos; na narração, acréscimos sobre um fundo toscamente verídico, detalhes inventados. [Interpola-se, geralmente, por interesse. Acrescenta-se, com frequência, para enfeitar.] As devastações que uma estética falaciosa exerceu sobre a historiografia antiga ou medieval foram com frequência denunciadas. Sua parte talvez não seja muito menor em nossa imprensa. Mesmo às custas da veracidade, o mais modesto romancista instala de bom grado seus personagens segundo as convenções de uma retórica cuja idade não consumiu o prestígio àquela época e, em nossas salas de redação, Aristóteles e Quintiliano contam mais discípulos do que em geral se acredita.

Inclusive certas condições técnicas parecem favorecer essas deformações. Quando o espião Bolo foi condenado em 1917, um diário, dizem, publicou, a partir de 6 de abril, o relato da execução. Primeiro fixada, de fato, para essa data, ela só teve[56] lugar[57] [realmente] onze dias mais tarde. O jornalista estabelecera seu "papel" previamente; convencido de que o evento se daria no dia previsto, julgou inútil verificar. Não sei o que vale o episódio. Certamente erros tão crassos são excepcionais. Mas nada há de inverossímil em supor que, para andar mais rápido — pois antes de tudo é preciso que a edição saia a tempo —, as reportagens de cenas esperadas sejam às vezes preparadas antes da hora. Quase sempre, estejamos certos, o rascunho, depois da observação, será modificado [, caso haja necessidade,] em todos os pontos importantes; duvida-se, em contrapartida, que muitos

---

52](cujas contribuições ao dossiê, espantosamente abundante, do caso Pascal-Newton, fui obrigado, para não cansar o leitor, a abreviar um pouco)[
53]quase[
54]Tais como[
55]particular[
56]no entanto[
57], depois de um sursis[

retoques sejam feitos nos traços[58] acessórios, julgados necessários para dar cor e os quais ninguém pensa em controlar. Pelo menos, é o que um leigo acredita entrever. Gostaríamos que um homem de ofício nos fornecesse, quanto a isso, luzes sinceras[59]. O jornal [, infelizmente,] ainda não encontrou seu Mabillon ou seu Paperbroeck. [O que é certo é que a obediência a um código, um pouco em desuso, de bom gosto literário, o respeito a uma psicologia estereotipada, a febre do pitoresco não estão próximos de perder seu lugar na galáxia dos geradores de mentiras.]

Do puro e simples fingimento até o erro inteiramente involuntário, há muitos níveis. Quando mais não fosse, em razão da fácil metamorfose pela qual a patranha [mais] sincera se transforma, com a colaboração das circunstâncias, em mentira. Inventar supõe um esforço que a preguiça de espírito comum à maioria dos homens repele. Quão mais cômodo aceitar complacentemente[60] uma ilusão, originalmente espontânea, que lisonjeie o interesse do momento!

Vejam o célebre episódio do "avião de Nuremberg". Ainda que a questão jamais tenha sido perfeitamente esclarecida, parece de fato que um avião comercial francês sobrevoou a cidade poucos dias antes da declaração de guerra. É provável que o tenham tomado por um avião militar. Não é inverossímil que, em uma população já presa dos fantasmas da escaramuça próxima, o rumor tenha se espalhado como bombas jogadas aqui e ali. É certo porém que nenhuma delas foi lançada; que os governantes do Império alemão possuíam todos os meios de reduzir esse falso rumor a nada; que, por conseguinte, ao acolhê-lo sem controle, para dele fazer um motivo de guerra, [propriamente] mentiram. Mas sem nada imaginar. Nem mesmo, talvez[61], sem ter [inicialmente] uma consciência muito clara de sua impostura. O absurdo rumor cresceu porque era útil acreditar nele. De todos os tipos de mentira, aquela que se impinge a si mesmo não está entre as menos[62] frequentes e a palavra sinceridade envolve um conceito um pouco tosco, que só poderia ser manipulado com a introdução de muitas nuances.

Não é menos verdade que muitas testemunhas se enganam com toda a boa-fé. Eis portanto chegado o momento, para o historiador, de tirar proveito dos preciosos resultados com que a observação sobre o vivo, há algumas décadas, vem armando

---

58]um pouco[
59]: um sincero estudo sobre as práticas da reportagem seria mais importante do que qualquer outro para a prática da história contemporânea[
60]ou amplificar[
61], pelo menos dentre alguns deles,[
62]perigosas, nem mesmo entre as menos[

uma disciplina quase⁶³ nova [: a psicologia do testemunho]. Na medida em que interessa a nossos estudos, essas aquisições parecem ser, no essencial, as seguintes.

[A se acreditar em] Guillaume de Saint-Thierry, seu discípulo e amigo, são Bernardo ficou um dia muito surpreso ao saber que a capela onde jovem monge seguia cotidianamente os ofícios divinos abria-se, ao fundo da nave, em três janelas; sempre imaginara que tinha apenas uma. Sobre essa característica⁶⁴, o hagiógrafo, por sua vez, se espanta e admira: que perfeito⁶⁵ servo de Deus tal desprendimento das coisas da Terra não pressagiava! Tudo indica que Bernardo devia sofrer de uma distração pouco comum, considerando pelo menos, é verdade, como se conta também, que lhe acontecia margear o Léman [durante] um dia inteiro sem percebê-lo. Numerosas provas, entretanto, o atestam: para se enganar grosseiramente sobre realidades que deveriam, ao que tudo indica, ser mais bem conhecidas, não é preciso de modo algum estar entre os príncipes da mística. Os alunos do professor Claparède, em Genebra, mostraram-se, durante experiências célebres, tão incapazes de descrever corretamente o vestíbulo de sua universidade quanto o Doutor "da palavra de mel" a igreja de seu mosteiro. [A verdade é que,] na maioria dos cérebros, o mundo circundante só acha medíocres aparelhos gravadores. Acrescentem que, sendo os testemunhos apenas a expressão de lembranças, os erros primordiais da percepção arriscam-se sempre a complicarem-se graças a erros de memória, dessa fluida, dessa "fecunda" memória já denunciada por um de nossos velhos juristas⁶⁶.

Em certos espíritos, a inexatidão assume aspectos verdadeiramente patológicos — seria muito irreverente propor, para essa psicose, o nome de "doença de Lamartine"? Todo mundo sabe: essas pessoas não são geralmente as menos prontas a afirmar algo. Porém, se assim existem testemunhas mais ou menos suspeitas e seguras, a experiência prova que não se encontra uma cujas palavras sejam igualmente dignas de fé sobre todos os assuntos e todas as circunstâncias. Duas ordens de causa, principalmente, alteram, [até] no homem mais dotado, a veracidade das imagens cerebrais. Algumas se dão na condição momentânea do observador: são o cansaço, por exemplo, ou a emoção. Outras, no nível de sua atenção.

63]toda[
64]e outras análogas[
65 A partir das palavras "uma população" (cf. p. precedente) e até "que perfeito", ao lado do original, aqui reproduzido, comportando várias correções manuscritas, existe uma folha, um carbono sem nenhuma correção manuscrita, numerada III-14, cujo texto é idêntico ao da primeira redação, mas que representa uma nova datilografia.
66 Pode-se comparar essa passagem com a exposição desses mesmos exemplos feita por Marc Bloch em "Réflexions d'un historien sur les fausses nouvelles de la guerre", *Revue de Synthèse Historique*, 1921, republicada na obra de Marc Bloch, *Mélanges historiques*, t.I, p.42.

Com poucas exceções, não se vê, não se ouve bem a não ser o que se esperava de fato perceber. Um médico encontra-se na cabeceira de um doente: eu acreditaria nele mais facilmente quanto ao aspecto de seu paciente, cujo comportamento examinou com cuidado, do que quanto aos móveis do quarto, ao qual provavelmente lançou apenas olhares distraídos. Eis por que, a despeito de um preconceito bastante comum, os objetos mais familiares — como, para são Bernardo, a capela de Cîteaux — estão em geral entre aqueles sobre os quais é mais difícil obter uma descrição correta: pois a familiaridade traz, quase necessariamente, a indiferença.

Ora, muitos acontecimentos históricos só puderam ser observados em momentos de violenta perturbação emotiva ou por testemunhas cuja atenção, ora solicitada tarde demais, quando havia surpresa, ora retida pelas preocupações com a ação imediata[67], era incapaz de incidir com intensidade suficiente sobre as características às quais o historiador, com[68] razão, atribuiria atualmente um interesse preponderante. Certos casos são célebres. O primeiro tiro que, em 25 de fevereiro de 1848, [em frente ao ministério das Relações Exteriores,] desencadeou a rebelião da qual devia sair, por sua vez, a Revolução, foi disparado da tropa? Ou da multidão? Nunca saberemos de fato.[69] Como então, por outro lado, levar a sério nos cronistas os grandes trechos descritivos, as pinturas [minuciosas] dos costumes, dos gestos, das cerimônias, dos episódios guerreiros? Através de qual rotina obstinada conservar a menor ilusão sobre a veracidade de todo esse bricabraque, no qual se alimentava a arraia-miúda dos historiadores românticos, ao passo que ao nosso redor sequer uma testemunha está em condições de reter corretamente, em sua integralidade, os detalhes sobre os quais tão ingenuamente foram interrogados os velhos autores? No máximo, esses quadros nos fornecem o cenário das ações, tal como, na época do escritor, imaginava-se que devia ser. Isso é extremamente instrutivo; não é o gênero de informações que os amantes do pitoresco geralmente perguntam a suas fontes.

Convém perceber, entretanto, a que conclusões essas observações, talvez apenas aparentemente pessimistas, levam nossos estudos daqui para frente. Elas não atingem a estrutura elementar do passado. A afirmação de Bayle permanece correta. "Jamais se objetará algo que esbarre nessa verdade de que César venceu Pompeu e, sobre qualquer tipo de princípio que se queira ficar discutindo, não se encontrarão coisas mais inabaláveis do que esta proposição: 'César e Pompeu existiram e não foram uma mera modificação da alma daqueles que escreveram

---

67]ou com a segurança[
68]justa[
69]Tampouco a investigação judicial conseguiu determinar se, o .... em Cluses, o diretor da fábrica fez uso de sua arma antes ou depois da chuva de pedras lançada pelos grevistas.[

suas vidas'." É verdade: caso devessem subsistir, como confirmados, apenas alguns fatos desse tipo, desprovidos de explicação, a história se reduziria a uma série de observações toscas, sem grande valor intelectual. Felizmente, não é este o caso. As únicas causas que a psicologia do testemunho atinge [assim] com uma frequente incerteza são os antecedentes completamente imediatos. Um grande acontecimento pode ser comparado a uma explosão. Sob que condições, exatamente, produz-se o último choque molecular, indispensável à distensão dos gases? Frequentemente seremos obrigados a nos resignar a ignorá-lo. O que é lamentável, sem dúvida (mas estão os químicos sempre melhor colocados?). Isso em nada impede que a composição da mistura detonante permaneça inteiramente suscetível de análise. Numerosos fatores, muito diversos e muito atuantes, que desde logo um Tocqueville soube vislumbrar, haviam preparado há muito tempo a revolução de 1848 — esse movimento tão claramente determinado, o qual, por uma estranha aberração, certos historiadores acreditaram [poder] transformar em protótipo do acontecimento fortuito. O fuzilamento do boulevard des Capucines foi outra coisa senão a última pequena fagulha?

Do mesmo modo, veremos, essas causas próximas não escapam apenas, com muita frequência, à observação de nossos fiadores, portanto à nossa. Em si mesmas, constituem também a parte privilegiada do imprevisível, do "acaso", na história. Podemos nos consolar, sem muita dificuldade, porque as enfermidades do testemunho as dissimulam geralmente aos mais sutis de nossos instrumentos. Mesmo mais bem conhecidas, seu encontro com as grandes cadeias causais da evolução representaria o resíduo de contingências que nossa ciência jamais conseguirá eliminar [, que ela não tem o direito de pretender eliminar]. Quanto aos impulsos íntimos dos destinos humanos, às vicissitudes da mentalidade ou da sensibilidade, das técnicas, da estrutura social ou econômica, as testemunhas que interrogamos sobre isso não estão sujeitas às fragilidades da percepção momentânea. [Por uma feliz coincidência, que Voltaire já entrevira,] o que existe em história de mais profundo bem poderia ser também o que existe de mais seguro.

Eminentemente variável de indivíduo para indivíduo, a faculdade de observação tampouco é uma constante social. Certas épocas viram-se desprovidas dela mais que outras. Por mais medíocre, por exemplo, que permaneça atualmente, para a maioria dos homens, a apreciação dos números, ela não é tão universalmente falha quanto entre os analistas medievais; nossa percepção, como nossa civilização, impregnou-se de matemática. No entanto, se os erros do testemunho fossem determinados, em última análise, apenas pelas fraquezas dos sentidos ou da atenção, o historiador só teria, em suma, que entregar seu estudo ao psicólogo. Mas, para além desses pequenos acidentes cerebrais, de natureza bastante comum, muitos deles remontam a causas muito mais significativas de uma atmosfera social particular. Eis por que assumem, frequentemente, por sua vez [, como a mentira], um valor documental.

No mês de setembro de 1917, o regimento de infantaria ao qual eu pertencia detinha as trincheiras [do Chemin des Dames], ao norte da cidadezinha de Braisne. Numa investida, fizemos um prisioneiro. Era um reservista, negociante de ofício e oriundo de Bremen, às margens do Weser. Pouco depois, uma curiosa história nos chegou da retaguarda das linhas. "A espionagem alemã", diziam, mais ou menos, esses colegas bem informados, "que maravilha! Tomamos um de seus pequenos postos, no coração da França. Com que nos deparamos? Um comerciante estabelecido, durante a paz, a alguns quilômetros dali: em Braisne." O disparate parece claro. Evitemos, porém, fazer um apanhado tão simplista. Vão apontar, sem mais, um erro de audição? Seria, de todo modo, exprimir-se bastante inexatamente. Pois, mais do que mal ouvido, o nome verdadeiro havia sido, provavelmente mal compreendido: geralmente desconhecido, ele não chamava atenção; por uma tendência natural do espírito, pensava-se captar em seu lugar um nome familiar. Mas tem mais: nesse primeiro trabalho de interpretação, um segundo, igualmente inconsciente, já se encontrava implicado. A imagem, não raro verídica, das astúcias alemãs havia sido popularizada por incontáveis relatos[70]; lisonjeava ao[71] vivo a sensibilidade romanesca das massas. A substituição de Bremen por Braisne harmonizava-se muito bem com essa obsessão de não se impor, de certo modo, espontaneamente.[72]

[Ora,] tal é o caso de um grande número de deformações do testemunho. O erro, quase sempre, é previamente orientado. Sobretudo, espalha-se, só ganha vida sob a condição de se combinar com os *partis pris* da opinião comum; torna-se então [como] o espelho em que a consciência coletiva contempla seus próprios traços. Muitas casas belgas apresentam, em suas fachadas, estreitas aberturas, destinadas a facilitar aos operários a colocação do reboco; nesses pequenos artifícios de pedreiros, os [soldados] alemães, em 1914, jamais imaginaram ver tantas seteiras, preparadas por franco-atiradores, se sua imaginação não houvesse sido alucinada, de longa data, pelo medo das guerrilhas. As nuvens não mudaram de forma desde a Idade Média. Não percebemos[73] mais, porém, nem cruz nem espada milagrosas. A cauda do cometa observada pelo grande Ambroise Paré possivelmente não era nada diferente daquelas que varrem às vezes nossos céus. Ele acreditou entretanto [aí] descobrir toda uma panóplia de armas estranhas. A

70]; não era apenas espantosa[
71]mais[
72 Comparar esse § com a passagem correspondente em *Mélanges historiques*, p.53 (artigo citado, nota e, p.101).
73], aí,[

obediência ao preconceito universal triunfara sobre a habitual exatidão de seu olhar; e seu testemunho [, como tantos outros,] informa não sobre o que ele viu na realidade, mas sobre o que, em sua época, era estimado natural ver.

No entanto, para que o erro de uma testemunha torne-se o de muitos homens, para que uma observação malfeita se metamorfoseie em falso rumor, é preciso também que a situação da sociedade favoreça essa difusão. Nem todos os tipos sociais lhe são, longe disso, igualmente propícios. Nesse aspecto, os extraordinários distúrbios da vida coletiva que nossas gerações viveram constituem outras tantas admiráveis experiências. As do momento presente, para dizer a verdade, estão muito próximas de nós para já passarem por uma análise exata. A guerra de 1914-18 permite mais o recuo.

Todos sabem o quanto esses quatro anos mostraram-se fecundos em notícias falsas. Sobretudo entre os combatentes. É na particularíssima sociedade das trincheiras que a formação dessas notícias parece mais interessante de ser estudada.

O papel da propaganda e da censura foi, à sua maneira, considerável. Mas exatamente o contrário[74] do que os criadores dessas instituições esperavam delas[75]. Como disse muito bem um humorista: "Prevalecia nas trincheiras a opinião de que tudo podia ser verdade à exceção do que se deixava imprimir." Ninguém acreditava nos jornais; tampouco nas cartas; pois, além de chegarem irregularmente, eram consideradas muito vigiadas. Daí uma renovação prodigiosa da tradição oral, mãe antiga das lendas e dos mitos. Num golpe audacioso, jamais sonhado pelo mais audacioso dos experimentadores, os governos, abolindo os séculos decorridos, devolviam o soldado do front aos meios de informação e ao estado de espírito dos tempos antigos, antes do jornal, antes do informativo, antes do livro.

Não era, geralmente, na linha de fogo que os rumores nasciam. Para isso, os pequenos grupos encontravam-se muito isolados uns dos outros. O soldado não tinha direito algum de se deslocar sem ordem; só o fazia, aliás, o mais frequentemente com o risco de sua vida. Em alguns momentos circulavam viajantes intermitentes: agentes de ligação[76], telefonistas consertando suas linhas, observadores de artilharia. Esses personagens consideráveis frequentavam pouco o simples soldado. Mas existiam[77] comunicações periódicas, muito mais importantes. Impunham-se pela preocupação com a alimentação. A ágora desse pequeno mundo dos abrigos e dos postos de vigilância foram as cozinhas. Ali, uma ou duas vezes por

---

74], a propósito,[
75]Já tive oportunidade de insistir acima sobre essa epidemia de ceticismo em relação ao escrito[
76]de toda ordem[
77]também[

dia, os abastecedores, vindos dos diversos pontos do setor, encontravam-se e tagarelavam entre si ou com os cozinheiros. Estes sabiam muito pois, colocados na encruzilhada de todas as unidades, tinham [além disso] o raro privilégio de cotidianamente trocar algumas palavras com os condutores do trem regimental, homens sortudos que acantonavam na vizinhança dos estados-maiores[78]. Assim, por um instante, em torno das fogueiras sob pleno vento ou das unidades móveis, atavam-se, entre círculos singularmente dessemelhantes, vínculos precários. Depois essas equipes moviam-se através das pistas e trincheiras e levavam até a dianteira do front, com suas marmitas, as informações, verdadeiras ou falsas, em todo caso quase sempre deformadas e prontas então para uma nova elaboração. Nos mapas de orientação, um pouco atrás dos riscos enlaçados desenhados pelas primeiras posições, podia-se cobrir com hachuras uma faixa contínua: isso teria sido a zona de formação das lendas[79].

Ora, a história conheceu mais de uma sociedade regida, em grande parte, por condições análogas; com a diferença de que, em lugar de ser o efeito passageiro de uma crise toda excepcional, elas ali representariam a trama normal da vida. Ali também, a transmissão oral era praticamente a única eficaz. Ali também, entre elementos bastante fragmentados, as ligações eram operadas quase exclusivamente por intermediários[80] especializados ou em pontos de conexão definidos. Caixeiros-viajantes, jograis, peregrinos, mendigos ocupavam o lugar do pequeno povo errante[81] das comunicações subterrâneas. Os encontros regulares davam-se nos mercados por ocasião das festas religiosas. Assim, por exemplo, durante a alta Idade Média. Feitas a golpe de interrogatórios, tendo os passantes como informantes, as crônicas monásticas se parecem bastante com os mementos que nossos caporais ordinários poderiam ter elaborado, se tivessem tido o gosto. Essas sociedades sempre foram, para as falsas notícias, um excelente caldo de cultura. Relações frequentes entre os homens facilitam a comparação entre os diversos relatos. Estimulam o senso crítico. Ao contrário, acredita-se piamente no narrador que, a longos intervalos, traz, por caminhos difíceis, os rumores de terras longínquas.[82]

78]e, às vezes mesmo, de aldeias ainda povoadas[
79]. Acrescentem, naturalmente, instrumentos de contatos mais distantes: os licenciados em seu retorno. Todavia, o que eles traziam vinha do país dos civis, que passava também por ser aquele da lavagem cerebral. Desconfiava-se muito disso[
80]de certo modo[
81]e intermitente[
82]Não é preciso, porém, forçar a aproximação. A guerra foi, sob muitos aspectos, uma espantosa experiência de regressão. Mas uma regressão jamais é inteiramente completa, e não se apaga, de uma só vez, a impressão de vários séculos de evolução mental. A credulidade no falso rumor era grande entre a soldadesca de 1914-18. Era, me pareceu, de bastante curta duração. Centrada, antes de tudo, como era natural, nos acontecimentos que pareciam

3. Tentativa de uma lógica do método crítico[83]

A crítica do testemunho, que trabalha sobre realidades psíquicas, permanecerá sempre uma arte de sensibilidade. Não existe, para ela, nenhum livro de receitas. Mas é também uma arte racional, que repousa na prática metódica de algumas grandes operações do espírito. Tem, em suma, sua dialética própria, que convém deduzir.

Suponhamos que, de uma civilização desaparecida, subsista um único objeto; que, além disso, as condições de sua descoberta impeçam até de relacioná-lo com características alheias ao homem, tais como sedimentações geológicas (pois, nessa busca das ligações, a natureza inanimada também pode ter sua participação). Será completamente impossível tanto datar esse vestígio único como se pronunciar sobre sua autenticidade. Só se estabelece, de fato, uma data, só se controla e, em suma, só se interpreta um documento por sua inserção em uma série cronológica ou um conjunto sincrônico. Foi aproximando os diplomas merovíngios seja entre si, seja de outros textos, de época ou de natureza diferente, que Mabillon fundou a diplomática; foi da confrontação dos relatos evangélicos que nasceu a exegese. Na base de quase toda a crítica inscreve-se um trabalho de comparação.

Mas os resultados dessa comparação nada têm de automático. Necessariamente acarretam ressaltar tanto semelhanças como diferenças. Ora, segundo o caso, a concordância entre um testemunho e os testemunhos vizinhos pode impor conclusões exatamente contrárias.

É preciso considerar em primeiro lugar o caso elementar do relato. Em suas *Memórias*, que fizeram disparar tantos jovens corações, Marbot conta, com grande abundância de detalhes, um rasgo de bravura do qual se apresenta como herói: a se acreditar nele, teria, na noite de 7 para 8 de maio de 1809, atravessado de barca as ondas encapeladas do Danúbio, então em plena cheia, para raptar na outra mar-

---

suscetíveis de afetar seu destino imediato — a troca de guarda, a mudança de setor, o ataque próximo —, sua curiosidade não deixava por isso de ser sensivelmente mais ampla, sua visão de mundo menos limitada ou menos lacunar que a do povo medieval comum. O historiador, já o dissemos, não estuda o presente com a esperança de nele descobrir a exata reprodução do passado. Busca nele simplesmente os meios de melhor compreender, de melhor senti-lo. É do que as falsas notícias da guerra dão, se não me engano, um exemplo muito bom.[

83 A contar desse título até o final dessa redação, as notas de rodapé assinalam as modificações introduzidas ao longo da única datilografia entre a versão definitiva, que compreende algumas folhas manuscritas intercaladas e folhas datilografadas comportando correções manuscritas, e o texto da datilografia sem correções manuscritas.

gem alguns prisioneiros austríacos. Como verificar o episódio? Recorrendo a outros testemunhos. Possuímos as ordens, as cadernetas de viagem, os relatórios dos exércitos adversários: atestam que, durante a famosa noite, a unidade austríaca cujos acampamentos Marbot pretende ter descoberto na margem esquerda ocupava ainda a margem oposta. A própria *Correspondência* de Napoleão alude ao fato de que, em 8 de maio, a subida das águas ainda não começara. Enfim, encontrou-se um pedido de promoção elaborado, em 30 de junho de 1809, por Marbot em pessoa; entre os títulos que ali invoca, não diz palavra sobre sua suposta façanha do mês precedente. De um lado, eis então as *Memórias*; do outro, todo um lote de textos que as desmentem. Convém dirimir essas irreconciliáveis testemunhas. Que alternativa julgar-se-á mais verossímil: que naquele momento os estados-maiores, o próprio imperador tenham se enganado (a menos que, Deus sabe lá por quê, tenham conscientemente alterado a realidade), que o Marbot de 1809, na ausência de uma promoção, tenha pecado por falsa modéstia, ou que, bem mais tarde, o velho guerreiro, cujas bravatas são, além disso, notórias, tenha dado uma nova rasteira na verdade? Ninguém, certamente, hesitará: as *Memórias* mentiram mais uma vez.

Aqui, portanto, a constatação de uma discrepância arruinou um dos testemunhos opostos. Era preciso que um dos dois sucumbisse. Assim o exigia o mais universal dos postulados lógicos; o princípio da contradição proíbe impiedosamente que um acontecimento possa ser e não ser ao mesmo tempo. Encontramos, mundo afora, eruditos cuja generosidade não descansa até descobrir, entre afirmações antagônicas, um meio-termo: isso é imitar o pirralho que, interrogado sobre o quadrado de 2, como um de seus vizinhos lhe soprasse "4" e outro "8", acreditou acertar respondendo "6".

Faltava, depois, escolher o testemunho rejeitado e o que devia subsistir. Uma análise psicológica decidiu; pesaram-se as razões presumidas da veracidade, da mentira ou do erro em cada um dos testemunhos. Descobriu-se, no caso, que essa apreciação trazia uma marca de evidência quase absoluta. Ela não deixará de se mostrar, em outras circunstâncias, afetada por um coeficiente de incerteza muito mais forte. Conclusões que se fundam numa delicada dosagem de motivos supõem, do infinitamente provável ao apenas verossímil, uma longa degradação.

[Mas eis, agora, exemplos de outro tipo.] Um documento, que se diz do século XIII, está escrito sobre papel, ao passo que todos os originais dessa época até agora encontrados o são sobre pergaminho; a forma das letras aparece aí bem diferente do desenho observado em outros documentos da mesma data; a língua abunda em palavras e figuras de estilo estranhas a seu uso unânime. Ou então as dimensões de uma ferramenta, pretensamente paleolítica, revelam procedimentos de fabricação empregados apenas em épocas bem mais próximas de nós. Concluiremos que o documento e que a ferramenta são falsificações. Como precedentemente, a discrepância condena. Mas por razões de natureza bem diferente.

A ideia que, desta vez, orienta a argumentação reza que, em uma mesma geração de uma mesma sociedade, reina uma similitude de hábitos e técnicas muito grande para permitir a qualquer indivíduo afastar-se sensivelmente da prática comum. Temos como certo que um francês da época de Luís VII desenhava suas letras aproximadamente como seus contemporâneos, que se exprimia aproximadamente nos mesmos termos[84], que se servia dos mesmos assuntos; que, caso um operário das tribos magdalenianas, para cortar suas pontas de osso, dispusesse de uma serra mecânica, seus colegas a teriam utilizado como ele. O postulado, em resumo, é aí de ordem sociológica. Confirmadas, indubitavelmente, em seu valor geral por uma constante experiência da humanidade, as noções de endosmose coletiva, de pressão do número, de imperiosa imitação sobre as quais ele repousa confundem-se, no final, com o próprio conceito de civilização.

Não é preciso, no entanto, que a semelhança seja muito grande. Ela deixaria então de depor em favor do testemunho. Pronunciaria, ao contrário, sua condenação.

Alguém que participou da batalha de Waterloo soube que Napoleão fora vencido ali. Consideraríamos a testemunha original que negasse a derrota uma falsa testemunha. Além disso, que Napoleão tenha sido vencido em Waterloo, admitimos que não haja, em francês, muitas maneiras de dizê-lo, por pouco que nos limitemos a essa simples e tosca constatação. Mas duas testemunhas, ou que se dizem como tais, descrevem a batalha exatamente na mesma linguagem? Ou, ainda que ao preço de uma certa diversidade de expressão, exatamente com os mesmos detalhes? Concluiremos, sem hesitar, que um deles copiou o outro ou que ambos copiaram um modelo comum. Nossa razão recusa, com efeito, admitir que, colocados necessariamente em pontos diferentes do espaço e dotados de faculdades de atenção desiguais, dois observadores tenham podido observar, ponto a ponto, os mesmos episódios: que, entre as inumeráveis palavras da língua francesa, dois escritores, trabalhando independentemente um do outro, tenham fortuitamente feito escolha dos mesmos termos, analogamente organizados, para contar

---

84 Talvez aqui se situasse a nota de Marc Bloch: "Ouvi, em minha juventude, um ilustríssimo erudito, que foi diretor da École des Chartes, nos dizer com muito orgulho: 'Dato a escrita de um manuscrito com margem de erro de aproximadamente 20 anos.' Esquecia-se de uma coisa: muitos homens, escribas, vivem mais de 40 anos e, se as escritas às vezes se modificam com o envelhecimento, raramente é para se adaptar às novas escritas correntes. Deve ter havido, por volta de 1200, escribas que, sexagenários, ainda escreviam como haviam aprendido a fazê-lo em 1150. De fato, a história da escrita está atrasada, estranhamente, em relação à da linguagem. Ela espera o seu Diez — ou seu Meillet."

as mesmas coisas. Se dois relatos se dão como tomados diretamente da realidade, é preciso portanto que um dos dois, pelo menos, minta.

Considerem, em dois monumentos antigos, esculpidas de cada lado da pedra, duas cenas guerreiras. Relacionam-se a campanhas diferentes. São representadas, no entanto, sob traços quase iguais. O arqueólogo dirá: "Um dos dois artistas certamente plagiou o outro, a menos que ambos tenham se contentado em reproduzir uma convenção de escola." Pouco importa que os combates tenham sido separados apenas por um curto intervalo, que talvez tenham oposto adversários oriundos dos mesmos povos — egípcios contra hititas, Assur contra Elam. Revoltamo-nos ante a ideia de que, na imensa variedade das atitudes humanas, duas ações distintas, em momentos diversos, tenham sido capazes de se renovar exatamente com os mesmos gestos. Como testemunho dos faustos militares que ela finge retraçar, uma das duas imagens pelo menos — se não as duas — é propriamente uma falsificação.

Assim, a crítica move-se entre esses dois extremos: a similitude que justifica e a que desacredita. Isso porque o acaso dos encontros tem seus limites e o concerto social é feito de malhas, afinal, bem frouxas. Em outros termos, estimamos que haja no universo e na sociedade bastante uniformidade para excluir a eventualidade de desvios muito marcados. Mas essa uniformidade, tal como a representamos, atém-se a características bem genéricas. Achamos que ela supõe, de certo modo engloba, mal se penetra um pouco mais no real, um número de combinações possíveis muito próximo do infinito para que sua repetição espontânea seja concebível: para tal, é preciso um ato voluntário de imitação. De modo que, no final das contas, a crítica do testemunho apoia-se numa instintiva metafísica do semelhante e do dessemelhante, do Um e do Múltiplo.

Resta, ao se impor a hipótese da cópia, fixar as direções de influência. Em cada par, os dois documentos beberam em uma fonte comum? A supor que um dos dois, ao contrário, seja original, em qual reconhecer esse título? Às vezes a resposta será fornecida por critérios externos: tais como, por exemplo, as datas relativas, se for possível estabelecê-las. Na falta desse apoio, a análise psicológica, com a ajuda das características internas do objeto ou do texto, reassumirá seus direitos.

[É evidente que ela não comporta regras mecânicas. Será preciso, por exemplo, erigir em princípio, como certos eruditos parecem fazê-lo, que os *remanieurs*[85] multiplicam constantemente as novas invenções, de modo que o texto mais sóbrio e o menos inverossímil teriam sempre a chance de ser o mais antigo? Isso é verdade, algumas vezes. De inscrição em inscrição, vemos o número de

---

85 Neologismo.

inimigos caídos sob os golpes de um rei da Assíria crescer desmedidadamente. Mas acontece também de a razão se rebelar. A mais fabulosa das *Paixões* de são Jorge é a primeira em data; por conseguinte, retomando o velho relato, os sucessivos redatores sacrificaram inicialmente tal característica dela, depois uma outra, cuja extravagante fantasia os chocava. Há muitas maneiras diferentes de imitar. Variam segundo o indivíduo, às vezes segundo modas comuns a uma geração. Assim como qualquer outra atitude mental, não poderiam ser pressupostas sob o pretexto de que nos pareceriam "naturais".]

[Felizmente,] os plagiadores se traem, frequentemente, por suas imperícias. Quando não compreendem seu modelo, seus contrassensos denunciam a fraude. Procuram disfarçar seus empréstimos? A inabilidade de seus estratagemas os perde. Conheci um liceano que, durante uma composição, o olho fito no dever de seu vizinho, transcrevia cuidadosamente suas frases de trás para frente; a seguir, com muita espirituosidade, transformava os sujeitos em atributo e a ativa na passiva. Só fez fornecer a seu professor um excelente exemplo de crítica histórica.

Desmascarar uma imitação é, ali onde inicialmente acreditamos lidar com duas ou várias testemunhas, deixar subsistir apenas uma. Dois contemporâneos de Marbot, o conde de Ségur e o general Pelet, fizeram, sobre a pretensa travessia do Danúbio, um relato análogo ao seu. Mas Ségur vinha depois de Pelet; leu-o; só fez copiá-lo. Quanto a Pelet, de nada adianta ter escrito antes de Marbot, era seu amigo; sem dúvida alguma, escutara-o evocar suas fictícias proezas; pois o incansável fanfarrão preparava-se fagueiramente, enganando seus familiares, para mistificar a posteridade. Marbot permanece portanto nosso único aval, uma vez que suas aparentes cauções só falaram depois dele. Quando Tito Lívio reproduz Políbio, ainda que o ornamentando, é Políbio que é nossa única autoridade. Quando Éginhard, sob o pretexto de nos descrever Carlos Magno, copia o retrato de Augusto por Suetônio, não existe mais, no sentido próprio, nenhuma testemunha.

Acontece [enfim] de, por trás da suposta testemunha, estar oculto um "soprador", que por nada quer se dar a ver. Estudando o processo dos Templários, Robert Lea observou que, quando dois acusados pertencentes a duas casas diferentes eram interrogados pelo mesmo inquisidor, vemo-los, invariavelmente, confessar as mesmas atrocidades e as mesmas blasfêmias. Vindos da mesma casa, eram, ao contrário, interrogados por inquisidores diferentes, e as confissões deixavam de concordar. A conclusão evidente é que o juiz ditava as respostas. Eis uma característica de que os anais judiciais forneceriam, imagino, outros exemplos.

Em nenhum lugar, provavelmente, o papel desempenhado, no raciocínio crítico, pelo que poderíamos chamar de princípio de semelhança limitada aparece sob luz mais curiosa do que através de uma das aplicações mais recentes do método: a crítica estatística.

Estou estudando, suponhamos, a história dos preços entre duas datas determinadas, numa sociedade bem coesa, os quais passam por correntes de trocas ativas. Depois de mim, um segundo trabalhador, depois um terceiro empreendem a mesma pesquisa, mas com ajuda de elementos que, diferentes dos meus, diferem igualmente entre si: outros livros de contas, outras mercuriais. Cada um de seu lado, estabelecemos nossas médias anuais, nossos números-índices, a partir de uma base comum, nossos gráficos. As três curvas praticamente se superpõem. Disso se concluirá que cada uma delas fornece uma imagem sumariamente exata do movimento. Por quê?

A razão não está somente em que, num meio econômico homogêneo, as grandes flutuações dos preços deviam necessariamente obedecer a um ritmo sensivelmente uniforme. Sem dúvida essa consideração bastaria para lançar suspeita sobre curvas brutalmente divergentes; não para nos garantir que, entre todos os traçados possíveis, aquele que os três gráficos concordam em apresentar seja, por que nisso concordam, forçosamente o verdadeiro. Três pesagens, com balanças parelhamente adulteradas, fornecerão o mesmo número, e esse número será falso. Todo o raciocínio repousa aqui numa análise do mecanismo dos erros. Nenhuma das três listas de preços poderia ser considerada isenta desses erros de detalhe. Em matéria de estatística, eles são praticamente inevitáveis. Suponhamos mesmo eliminados os erros pessoais do pesquisador (sem falar de equívocos mais grosseiros, quem de nós ousará dizer-se seguro de nunca ter tropeçado no terrível dédalo das medidas antigas?). Por mais maravilhosamente atento que imaginemos o erudito, restarão sempre as armadilhas engendradas pelos próprios documentos: certos preços poderiam ter sido, por leviandade ou má-fé, inexatamente inscritos; outros serão excepcionais (preços de "amigos", por exemplo, ou, inversamente, preços de tolos), com isso bastante adequados a distorcer as médias; as mercuriais, que registravam as taxas médias praticadas nos mercados, nem sempre terão sido elaboradas com um cuidado rigoroso. Mas, para um grande número de preços, esses erros se compensam. Pois seria altamente improvável que fossem sempre no mesmo sentido. Se portanto a concordância dos resultados, obtidos com ajuda de dados diferentes, os confirma uns pelos outros, é que na base a concordância nas negligências, nos mínimos enganos, nas mínimas complacências nos parece, a justo título, inconcebível. O que há de irredutivelmente diverso nos testemunhos levou a concluir que sua concordância final só pode advir de uma realidade cuja unidade essencial era, nesse caso, fora de dúvida.

Os reagentes da prova do testemunho não são feitos para serem brutalmente manipulados. Quase todos os princípios racionais, quase todas as experiências que a guiam, encontram, por pouco que se os leve a fundo, seus limites em princípios ou experiências contrários. Como toda lógica fidedigna, a crítica histórica tem suas antinomias, ao menos aparentes.

Para que um testemunho seja reconhecido como autêntico, o método, vimos isso, exige que ele apresente uma certa similitude com os testemunhos vizinhos. Se aplicarmos, entretanto, esse preceito ao pé da letra, o que seria da descoberta? Pois quem diz descoberta diz surpresa, e dessemelhança. Uma ciência que se limitasse a constatar que tudo acontece sempre como se esperava não teria uma prática proveitosa, nem divertida. Até agora não se encontrou documento redigido em francês (em vez de sê-lo, como precedentemente, em latim) anterior ao ano 1204. Imaginemos que amanhã um pesquisador produza um documento francês datado de 1180. Concluiremos[86] daí que o documento é falso? Ou que nossos conhecimentos eram insuficientes?

Não apenas, aliás, a impressão de uma contradição entre um testemunho novo e seus similares arrisca-se a ter como origem apenas uma temporária enfermidade de nosso saber, como acontece de a discrepância residir, autenticamente, nas coisas. A uniformidade social não detém tanta força que dela não consigam escapar certos indivíduos ou pequenos grupos. Sob o pretexto de que Pascal não escrevia como Arnauld, que Cézanne não pintava como Bouguereau, nos negaremos a admitir as datas reconhecidas das *Provinciales* ou da *Montagne Sainte-Victoire*? Acusaremos de falsificações os mais antigos artefatos de bronze pela razão de que a maioria das jazidas da mesma época não nos fornece senão artefatos de pedra?

Essas falsas conclusões nada têm de imaginárias e a lista dos fatos que a rotina erudita inicialmente negou porque eram surpreendentes será longa. Desde a zoolatria egípcia, que divertia muito Voltaire, até os vestígios humanos da era terciária. Olhando mais de perto, porém, o paradoxo metodológico é somente de superfície. O argumento de semelhança não perde seus direitos. Acarreta apenas que uma análise mais exata discirna, dos possíveis desvios, os pontos de similitude necessários. Pois toda originalidade individual tem seus limites. O estilo de Pascal não pertence senão a ele; mas sua gramática e a base de seu vocabulário são de seu tempo. Pelo emprego que faz de uma língua inusitada, em vão nosso suposto documento de 1180 irá diferir dos documentos de mesma data até aqui conhecidos; para que seja julgado aceitável, será preciso que seu francês se conforme, grosso modo, à situação da linguagem atestada, nessa época, pelos textos literários, e que as instituições mencionadas correspondam àquelas do momento.

Do mesmo modo, aproximar os testemunhos num mesmo plano de duração não satisfaz a comparação crítica competente. Um fenômeno humano é sempre

---

86]sem maiores preocupações[

um elo de uma série que atravessa as eras. No dia em que um novo Vrain-Lucas, lançando sobre a mesa da Academia um punhado de autógrafos, pretender nos provar que Pascal inventou a relatividade geral antes de Einstein, estejamos logo certos de que as peças serão falsas. Não é que Pascal fosse incapaz de descobrir o que seus contemporâneos não descobriam. Mas a teoria da relatividade tem seu ponto de partida num longo e prévio desenvolvimento de especulações matemáticas; grande que fosse, nenhum homem podia, apenas pela força de seu gênio, substituir gerações nesse trabalho. Quando, em contrapartida, diante das primeiras descobertas de pinturas paleolíticas, vemos certos cientistas contestar sua autenticidade ou data, sob o pretexto de que arte semelhante seria incapaz de florescer e depois desaparecer, esses céticos raciocinavam mal: há cadeias que se rompem e as civilizações são mortais.

Ao ler, escreve em substância o padre Delahaye, que a Igreja celebra, no mesmo dia, a festa de dois de seus servos mortos, ambos na Itália; que a conversão dos dois foi resultado da leitura da vida dos santos; que fundaram cada um uma ordem religiosa, sob o mesmo vocábulo; que essas duas ordens, enfim, foram suprimidas por dois papas homônimos, não há ninguém que não fique tentado a exclamar que um único indivíduo, duplicado por engano, foi inscrito no martirológio sob dois nomes distintos. Porém, é verdade que, similarmente guiado para a vida religiosa pelo exemplo de piedosas biografias, são João Colombani estabeleceu a ordem dos jesuatas e Inácio de Loyola a dos jesuítas; que morreram ambos num 31 de julho, o primeiro perto de Siena, em 1367, o segundo em Roma em 1556; que os jesuatas foram dissolvidos pelo papa Clemente IX e a Companhia de Jesus por Clemente XIV. O exemplo é divertido. Provavelmente não é o único. Se um dia um cataclisma deixar que subsistam apenas alguns magros delineamentos destes últimos séculos, quantos escrúpulos de consciência não irá preparar para os eruditos do futuro a existência de dois pensadores que, ambos ingleses e ambos portadores do nome Bacon[87], coincidiram ao dar, com suas doutrinas, uma grande contribuição ao conhecimento experimental? O sr. País condenou como lendárias muitas das antigas tradições romanas pela única razão, ou quase isso, de que nela vemos repassarem os mesmos nomes, associados a episódios bem parecidos. Mesmo desagradando à crítica do plágio, cuja alma é a negação das repetições espontâneas de acontecimentos ou de palavras, a coincidência é uma das bizarrices que não se deixam eliminar da história.

Mas não basta reconhecer evasivamente a possibilidade de encontros fortuitos. Reduzida a essa simples constatação, a crítica oscilaria eternamente entre o

---

87]que — a mais de 300 anos de distância, na verdade, mas ninguém deixará de julgar essas datas controversas —]

pró e o contra. Para que a dúvida se torne instrumento de conhecimento, é preciso que, em cada caso particular, o grau de verossimilhança da combinação possa ser sopesado com alguma exatidão. Aqui, a pesquisa histórica, como tantas outras disciplinas do espírito, cruza seu caminho com a via régia da teoria das probabilidades.

Avaliar a probabilidade de um acontecimento é estimar as chances que tem de se produzir[88]. Posto isto, será legítimo falar da possibilidade de um fato passado? No sentido absoluto, evidentemente não. Só o futuro é aleatório. O passado é um dado que não deixa mais lugar para o possível. Antes do lance de dados, a probabilidade para qualquer das faces era de um sobre seis; lançados os dados, o problema desaparece. Pode ser que hesitemos mais tarde, se nesse dia desse o três ou então o cinco. A incerteza está portanto em nós, em nossa memória ou na de nossas testemunhas. Não nas coisas.

Analisando com calma, no entanto, o uso que a pesquisa histórica faz da noção do provável nada tem de contraditório[89]. Com efeito, o que tenta o historiador que se interroga sobre a probabilidade de um acontecimento ocorrido senão transportar-se, por um movimento ousado do espírito, para antes desse próprio acontecimento, para ponderar sobre suas chances tal como se apresentavam às vésperas de sua realização? A probabilidade permanece, portanto, de fato no futuro. Mas tendo sido a linha do presente, de certo modo, imaginariamente recuada, trata-se de um futuro de outrora, construído com um pedaço daquilo que, para nós, é atualmente o passado. Se o fato aconteceu de maneira incontestável, essas especulações não têm valor senão de jogos metafísicos. Qual era a probabilidade de Napoleão nascer? De Adolf Hitler, soldado em 1914, escapar das balas francesas? Não é proibido divertir-se com tais perguntas. Sob a condição de considerá-las apenas pelo que realmente são: simples artifícios de linguagem destinados a trazer à luz, na marcha da humanidade, a parte de contingência e de imprevisibilidade. Elas nada têm a ver com a crítica do testemunho. A própria existência do fato parece incerta, ao contrário? Duvidamos, por exemplo, de que um autor, sem ter copiado um relato alheio, esteja em condições de repetir, espontaneamente, muitos de seus episódios e muitas de suas palavras; que só o acaso ou não sei que harmonia divinamente preestabelecida bastem para explicar, desde os *Protocolos dos sábios de Sião* até os panfletos de um obscuro polemista do Segundo

---

88 Esse § e os sete seguintes são objeto de três folhas manuscritas, numeradas III-32, III-33 e III-34, que foram utilizadas para a datilografia e cujo texto é idêntico à datilografia não corrigida.
89]com as definições que precedem[

Império, semelhança tão espantosa? Conforme a coincidência pareça afetada por um maior ou menor coeficiente de probabilidade, antes de o relato ter sido composto, admitiremos sua verossimilhança hoje ou a rejeitaremos.

A matemática do acaso, no entanto, repousa numa ficção. Em todos os casos possíveis, postula, de saída, a imparcialidade das condições: uma causa particular que, previamente, favorecesse um ou outro seria um corpo estranho no cálculo. O dado dos teóricos é um cubo perfeitamente equilibrado; se sob uma de suas faces insinuássemos um grão de chumbo, as chances dos jogadores deixariam de ser iguais. Mas, na crítica do testemunho, todos os dados estão viciados. Pois elementos muito delicados intervêm constantemente para fazer a balança pender para uma eventualidade privilegiada.

Uma disciplina histórica, a bem da verdade, faz exceção. É a linguística, ou pelo menos aquela de suas ramificações que se empenha em estabelecer os parentescos entre as línguas. Bem diferente, por seu alcance, das operações propriamente críticas, essa investigação não deixa de ter com muitas delas, como característica comum, o esforço de descobrir filiações. Ora, as condições sob as quais ela raciocina estão excepcionalmente próximas da convenção primordial de igualdade, familiar à teoria do acaso. Ela deve essa prerrogativa às próprias particularidades dos fenômenos da linguagem. Não apenas, com efeito, o imenso número de combinações possíveis entre os sons reduz a um valor ínfimo a probabilidade de sua repetição fortuita, em grande quantidade, em diferentes falares. Coisa ainda muito mais importante: deixando de lado algumas raras harmonias imitativas, as significações atribuídas a essas combinações são completamente arbitrárias. Nenhuma associação de imagens impõe que as associações vocais bastante vizinhas *tu* ou *tou* ("*tu*" pronunciado à francesa ou à latina) sirvam para notar a segunda pessoa [muito evidentemente]. Se portanto constatamos que têm esse papel, ao mesmo tempo, em francês, italiano, espanhol e romeno; se observamos, ao mesmo tempo, entre essas línguas, uma multiplicidade [de outras] correspondências, igualmente irracionais, a única explicação sensata será que o francês, o italiano, o espanhol e o romeno têm uma origem comum. Porque os diversos possíveis eram humanamente indistintos, um cálculo das chances quase puro impôs a decisão.

Mas falta muito para que tal simplicidade seja usual.

Vários diplomas de um soberano medieval, tratando de assuntos diferentes, reproduzem as mesmas palavras e os mesmos maneirismos. Isso quer dizer portanto, afirmam os adeptos da *Stilkritik* (fanáticos pela "crítica dos estilos"), que um mesmo notário os redigiu. De acordo, se só o acaso estivesse em questão. Mas não é o caso. Cada sociedade e, mais ainda, cada pequeno grupo profissional tem seus hábitos de linguagem. Não bastava portanto enumerar os pontos de similitude. Era ainda preciso distinguir, entre eles, o raro do usual. Apenas as expressões verdadeiramente excepcionais podem denunciar um autor: supondo, naturalmente, que suas repetições sejam numerosas o bastante. O erro aqui é atribuir a todos os elementos do discurso um peso igual, como se os variáveis coeficientes de preferência social de que cada um deles se acha afetado não fossem os grãos de chumbo que contrariam a equivalência das chances.

Toda uma escola de eruditos se dedicou, a partir do início do século XIX, a estudar a transmissão dos textos literários. O princípio é simples: sejam três manuscritos de uma mesma obra: B, C e D. Constata-se que todos os três apresentam as mesmas lições, evidentemente errôneas (é o método dos erros, o mais antigo, o de Lachman). Ou então, mais geralmente, extraímos daí as mesmas lições, boas ou más, mas diferentes em sua maioria em relação às de outros manuscritos (é o recenseamento integral das variantes, preconizado por dom Quentin). Decidir-se-á que são "aparentados". Entendam, conforme o caso, ou que foram copiados uns sobre os outros, segundo uma ordem que resta determinar, ou que remontam todos, por filiações particulares, a um modelo comum. É certíssimo, com efeito, que um encontro assim sustentado não poderia ser fortuito. Entretanto, duas observações, que passaram a ser levadas em conta bem recentemente, obrigaram a crítica textual a abandonar muito do rigor, quase mecânico, de suas primeiras conclusões.

Os copistas às vezes corrigiam seu modelo. Mesmo trabalhando independentemente um do outro, hábitos de espírito comuns devem, com muita frequência, ter-lhes sugerido conclusões semelhantes. Terêncio usa em algum lugar a palavra *raptio*, que é excesssivamente rara. Não a compreendendo, dois escribas a substituíram por *ratio*, o que é um contrassenso, mas lhes era familiar. Tinham necessidade, para isso, de combinarem entre si ou de se imitarem? Eis então um gênero de erros que é impotente demais para nos ensinar alguma coisa sobre a "genealogia" dos manuscritos. Tem mais. Por que o copista só teria utilizado um modelo único? Não lhe era proibido, se conseguisse, confrontar vários exemplares a fim de escolher o melhor possível entre suas variantes. O caso foi certamente muito excepcional na Idade Média, cujas bibliotecas eram pobres. Bem mais frequente, em contrapartida, segundo tudo indica, na Antiguidade. Sobre as belas árvores de Jefté, que é praxe dispor no umbral das edições críticas, que lugar atribuir a esses incestuosos produtos de diversas tradições diferentes? No jogo das coincidências, a vontade do indivíduo, como a pressão das forças coletivas, trapaceia com o acaso.

[Quando, ainda há pouco, reconhecíamos na coincidência das curvas estatísticas a prova dos nove de sua exatidão, o que fazíamos senão um raciocínio de probabilidades? A compensação dos erros é um dos capítulos clássicos da teoria do acaso. Também aqui, no entanto, tomemos cuidado, porque o querer humano pode perturbar a partida. Supúnhamos erros de sentido variável. É, com efeito, o caso normal, entre os documentos, das cadernetas de contas ou das mercuriais. Mas existem também erros combinados. Na França dos séculos XVII e XVIII, certos encargos camponeses, estipulados em produtos, haviam, com o correr do tempo, deixado de ser pagos a não ser em numerário. Para permitir a percepção disso, quadros de equivalência eram estabelecidos anualmente, em princípio segundo as cotações dos mercados: este ano, diziam, para cada alqueire de trigo, por exemplo, tantas libras e vinténs serão devidos. Os senhores, naturalmente, levavam vantagem por terem fixado preços mais elevados do que a realidade. Onde a autoridade encarregada de elaborar a tabela estava sob a dependência deles ou partilhava de seus interesses, os números eram então falseados. Será que nos servimos atualmente, para reconstituir os preços antigos, de fontes desse tipo? A coincidência das curvas arrisca-se a traduzir apenas uma mera tomada de posição comum; ou seus movimentos bruscos meras disposições cambiantes de pequenas judicaturas da província. Observações análogas atingem mais de uma estatística aduaneira; ou ainda os cálculos dos preços de imóveis a serem consultados nos atos registrados de venda; a fim de escapar ao fisco, as somas realmente despendidas são ali corriqueiramente abaixadas. O que seriam as leis do sorteio se as bolas brancas ou vermelhas tivessem a faculdade de se entender, sob a mão que remexe no saco, para combinarem a ordem de seu surgimento?][90]

Assim, como já percebera a filosofia do século XVIII, com Volney, a maioria dos problemas da crítica histórica consiste de fato em problemas de probabilidade; mas tais que o cálculo mais sutil deve declarar-se incapaz de resolvê-los. Não é apenas que os dados aí sejam de uma extraordinária complexidade. Em si mesmos permanecem, o mais das vezes, rebeldes a qualquer tradução matemática. Como numerar, por exemplo, o favor particular concedido por uma sociedade a uma palavra ou a um costume? Não nos desvencilharemos de nossas dificuldades em relação à arte de Fermat, de Laplace ou de Émile Borel. Ao menos, já que ela se coloca de certo modo no limite inacessível de nossa lógica, podemos pedir-lhe que nos ajude, de cima, a melhor analisar nossas argumentações e a melhor conduzi-las.

Quem não tem prática direta com os eruditos mal se dá conta de como lhes repugna, em geral, aceitar a inocência de uma coincidência. Porque duas expressões semelhantes encontram-se na lei sálica e num édito de Clóvis, não vimos um ilustre cientista alemão afirmar que a lei devia ser desse príncipe? Deixemos de

---

90 Esse § entre colchetes foi, por razões desconhecidas, omitido na edição preparada por Lucien Febvre. Ele figura no manuscrito em um original e um carbono, ambos sem nenhuma correção manuscrita, que não passam da datilografia de uma folha manuscrita, numerada III-37 bis, cujo texto é idêntico.

lado a banalidade das palavras e de outros usos. Um simples verniz da teoria matemática teria bastado para prevenir o passo em falso. Quando o acaso age livremente, a probabilidade de uma descoberta única ou de um pequeno número de achados raramente é da ordem do impossível. Pouco importa que pareçam espantosas; as surpresas do senso comum raramente são impressões de muito valor.

Podemos nos divertir calculando a probabilidade do lance do acaso que, em dois anos diferentes, fixa no mesmo dia do mesmo mês as mortes de personagens completamente distintos. Ela é de $1/365^2$.[91] Admitamos agora (apesar do absurdo do postulado) como certo de antemão que as instituições de Colombani e de Inácio de Loyola tivessem sido suprimidas pela Igreja romana. O exame das listas pontificais permite estabelecer que a probabilidade para que a abolição fosse pronunciada por dois papas do mesmo nome era de 11/13. A probabilidade combinada ao mesmo tempo de uma mesma data de dia e de mês, para as mortes, e de dois papas homônimos como autores das condenações, situa-se entre $1/10^5$ e $1/10^6$ (um cem milésimos e um cem mil avos)[92]. Um apostador, provavelmente, não se contentaria com isso. Mas as ciências da natureza só consideram como próximo do realizável, na escala terrestre, as possibilidades da ordem de $1/10^{15}$. Estamos, como se vê, em pleno engano. Por todos os motivos, como testemunha o exemplo seguramente comprovado dos dois santos.

Essas são apenas concordâncias acumuladas cuja probabilidade torna-se praticamente desprezível: pois, em virtude de um teorema bem conhecido, as probabilidades dos casos elementares multiplicam-se então para fornecer a probabilidade da combinação e, sendo as probabilidades frações, seu produto é, por definição,

---

91 Nota de Marc Bloch: "Supondo que as chances de mortalidade para cada um dos dias do ano sejam iguais. O que não é exato (existe uma curva anual da mortalidade) mas pode ser, sem inconveniente, postulado aqui."

92 Nota de Marc Bloch: "Desde a morte de Columbano até nossos dias, 65 papas governaram a Igreja (incluindo a dupla e tripla série da época do Grande Cisma); 38 se sucederam desde a morte de Inácio. A primeira lista oferece 55 homônimos com a segunda, onde esses mesmos nomes se repetem exatamente 38 vezes (os papas tendo, como se sabe, o costume de assumir nomes já consagrados pelo uso). A probabilidade para que os jesuatas fossem suprimidos por um desses papas homônimos era portanto de 55/65 ou 11/13; para os jesuítas, subia a 38/38 ou 1; em outras palavras, tornava-se certeza. A probabilidade combinada é de 11/13 x 1 ou 11/13. Enfim, $1/365^2$ ou 1/133.225 x 11/13 dá 11/1.731.925, ou seja, um pouco mais de 11/157.447. Para ser totalmente exato, seria preciso levar em conta as durações respectivas dos pontificados. Mas a natureza desse passatempo matemático, cujo único objetivo é trazer à luz uma ordem de grandeza, pareceu-me autorizar a simplificar os cálculos." (Esta nota de Marc Bloch subsiste em dois exemplares datilografados: um original sem correções manuscritas e um carbono com algumas correções manuscritas, aqui reproduzido.)

inferior a seus componentes. É célebre o exemplo da palavra *bad*, que, em inglês como em persa, quer dizer "mau", sem que o termo inglês e o termo persa tenham absolutamente uma origem comum. Quem, sobre essa correspondência única, pretendesse fundamentar uma filiação pecaria contra a lei tutelar de toda crítica das coincidências: apenas os grandes números têm vez.

As concordâncias ou discordâncias abudantes são feitas de uma multiplicidade de casos particulares. No total, as influências acidentais são destruídas. Consideramos, ao contrário, cada elemento independentemente dos outros? A ação dessas variáveis não pode mais ser eliminada. Mesmo se os dados estivessem viciados, o lance isolado permaneceria sempre mais difícil de prever do que o desfecho da partida; por conseguinte, uma vez lançado, sujeito a uma diversidade de explicações bem maior. Eis por que, à medida que se penetrou mais no detalhe, as verossimilhanças da crítica vão se degradando. Não há, na *Oréstia* tal como a lemos hoje, quase nenhuma palavra, tomada à parte, que estejamos seguros de ler como Ésquilo a escrevera. Não duvidemos, a despeito disso, que em seu conjunto nossa *Oréstia* seja de fato aquela de Ésquilo. Há mais certeza no todo do que em seus componentes.

Em que medida, entretanto, nos é permitido pronunciar essa palavra grandiosa, certeza? A crítica dos documentos não seria capaz de atingir a certeza "metafísica", já declarava Mabillon. Não estava errado. É apenas por simplificação que substituímos algumas vezes uma linguagem de probabilidade por uma linguagem de evidência. Mas, sabemos isso hoje melhor do que na época de Mabillon, essa convenção não nos é absolutamente exclusiva. Não é, no sentido absoluto do termo, "impossível" que a *Doação de Constantino* seja autêntica; que a *Germania* de Tácito — segundo a mania de alguns eruditos — seja uma falsificação. No mesmo sentido tampouco é "impossível" que, batendo ao acaso no teclado de uma máquina de escrever, um macaco consiga fortuitamente reconstruir, letra por letra, a *Doação* ou a *Germania*. "O acontecimento fisicamente impossível", disse Cournot, "não é outra coisa senão o acontecimento cuja probabilidade é infinitamente pequena". Limitando sua parcela de garantia a dosar o provável e o improvável, a crítica histórica não se distingue da maioria das ciências do real senão por um escalonamento sem dúvida mais nuançado dos graus.

Avaliamos[93] sempre com exatidão o ganho imenso que foi o advento de um método racional de crítica, aplicado ao testemunho humano? Entendo ganho não apenas para o conhecimento histórico, mas para o conhecimento *tout court*.

---

93 Uma folha manuscrita, numerada III-37, começando por esse §, representa a versão

Antigamente, a menos que se tivesse previamente razões bem fortes para suspeitar de mentira suas testemunhas ou seus narradores, todo fato afirmado era, em três quartos das ocasiões, um fato aceito. Não estamos falando: isso aconteceu há muito tempo. Lucien Febvre mostrou isso, excelentemente, para o Renascimento: não se pensava, não se agia de maneira diferente em épocas bastante próximas [de nós] para que suas obras-primas permanecessem para nós ainda um alimento vivo. Não estamos falando: esta era naturalmente a atitude daquela multidão crédula da qual, até os dias em que vivemos, a grande massa, infelizmente mesclada a mais de um semierudito, ameaça constantemente arrastar nossas frágeis civilizações rumo a terríveis abismos de ignorância ou de loucuras. As mais firmes inteligências não escapavam então, não podiam escapar ao preconceito comum. Contava-se que caíra uma chuva de sangue? Então é que havia chuvas de sangue. Montaigne lia, em seus caros Antigos, esta ou aquela lorota sobre o país cujos habitantes nascem sem cabeça ou sobre a força prodigiosa do peixe *remora*? Ele as inscrevia sem pestanejar entre os argumentos de sua dialética [: por mais capaz que fosse de desmontar engenhosamente o mecanismo de um falso rumor, as ideias feitas o deixavam bem mais desconfiado do que supostos fatos atestados]. Assim, reinava, segundo o mito rabelaisiano, o velho Ouvir-Dizer. No mundo físico como no mundo dos homens. No mundo físico talvez mais ainda do que no mundo dos homens. Pois, instruído por uma experiência mais direta, duvidava-se mais de um acontecimento humano do que de um meteoro ou de um pretenso acidente da vida orgânica. A filosofia de vocês repelia o milagre? Ou a religião de vocês repelia os milagres das outras religiões? Seria preciso que se esforçassem penosamente para descobrir para essas surpreendentes manifestações causas supostamente inteligíveis que, na verdade ações demoníacas ou influxos ocultos, continuavam a aderir a um sistema de ideias ou imagens completamente estranho ao que chamaríamos hoje de pensamento científico. Negar a própria manifestação, tal audácia não ocorria ao espírito. [Corifeu dessa escola paduana tão estranha ao sobrenatural cristão,] Pomponazzi não acredita que reis, mesmo ungidos pelo crisma da santa ampola, pudessem, porque eram reis, curar doentes ao tocá-los. No entanto, não contestava absolutamente as[94] curas. Admitia-as a título de uma propriedade fisiológica por ele concebida como hereditária[95]: o glorioso privilégio da função sagrada era associado às virtudes curativas de uma saliva dinástica.

---

manuscrita que serviu para a datilografia antes das correções manuscritas. Seu texto é idêntico ao aqui reproduzido.
94 Aqui termina a folha manuscrita numerada III-37.
95]. O médico real, supunha ele, molhando todas as vezes seu dedo antes de tocá-lo[

Ora, se nossa imagem do universo pôde, hoje, ser limpa de tantos fictícios prodígios — porém confirmados, parece, pela concordância das gerações —, certamente devemos isso antes de tudo à noção, lentamente deduzida, de uma ordem natural comandada por leis imutáveis. Mas essa própria noção não conseguiu se estabelecer tão solidamente, as observações que pareciam contradizê-la só puderam ser eliminadas graças ao paciente trabalho de uma experiência crítica empreendida pelo próprio homem enquanto testemunha. Somos agora capazes ao mesmo tempo de desvendar e de explicar as imperfeições do testemunho. Adquirimos o direito de não acreditar sempre, porque sabemos, melhor do que pelo passado, quando e por que aquilo não deve ser digno de crédito. E foi assim que as ciências conseguiram rejeitar o peso morto de muitos falsos problemas.

Mas o conhecimento puro não é aqui, mais que em outro lugar, dissociado da conduta.

Richard Simon, cujo nome na geração de nossos fundadores tem lugar destacado, não nos deixou apenas admiráveis lições de exegese. Certo dia o vimos empregar a acuidade de sua inteligência para salvar alguns inocentes, perseguidos pela estúpida acusação de crime ritual. O encontro nada tinha de arbitrário. Das duas partes, a exigência de dignidade intelectual era a mesma. Um mesmo instrumento, a cada vez, permitia satisfazê-la. Constantemente levada a guiar-se pelas referências dos outros, a ação é tão interessada quanto a investigação em verificar sua exatidão. Não dispõe, para isso, de meios diferentes. Sejamos mais claros: seus meios são aqueles que a erudição havia inicialmente forjado. Na arte de dirigir proveitosamente a dúvida, a prática judiciária só fez seguir os passos, não sem atraso, dos bollandistas e dos beneditinos; e os próprios psicólogos só se deram conta de encontrar no testemunho, diretamente observado e provocado, um objeto de ciência muito tempo depois que a turva memória do passado havia começado a ser submetida a uma prova de raciocínio. Em nossa época, mais que nunca exposta às toxinas da mentira e do falso rumor, que escândalo o método crítico não figurar nem no menor cantinho dos programas de ensino! Pois ele deixou de ser apenas o humilde auxiliar de alguns trabalhos de oficina. Doravante vê abrirem-se diante de si horizontes bem mais vastos: e a história tem o direito de contar entre suas glórias mais seguras ter assim, ao elaborar sua técnica, aberto aos homens um novo caminho rumo à verdade e, por conseguinte, àquilo que é justo.

Capítulo IV

A análise histórica

1. Julgar ou compreender?

A fórmula do velho Ranke é célebre: o historiador propõe apenas descrever as coisas "tais como aconteceram, *wie es eigentlich gewesen*". Heródoto o dissera antes dele, "*ta eonta legein*, contar o que foi". O cientista, em outros termos, é convidado a se ofuscar diante dos fatos. Como muitas máximas, esta talvez deva sua fortuna apenas à sua ambiguidade. Podemos ler aí, modestamente, um conselho de probidade: este era, não se pode duvidar, o sentido de Ranke. Mas também um conselho de passividade. De modo que eis, colocados de chofre, dois problemas: o da imparcialidade histórica; o da história como tentativa de reprodução ou como tentativa de análise.

Mas haverá então um problema da imparcialidade? Ele só se coloca porque a palavra, por sua vez, é equívoca.

Existem duas maneiras de ser imparcial: a do cientista e a do juiz. Elas têm uma raiz comum, que é a honesta submissão à verdade. O cientista registra, ou melhor, provoca o experimento que, talvez, inverterá suas mais caras teorias. Qualquer que seja o voto secreto de seu coração, o bom juiz interroga as testemunhas sem outra preocupação senão conhecer os fatos, tais como se deram. Trata-se, dos dois lados, de uma obrigação de consciência que não se discute.

Chega um momento, porém, em que os caminhos se separam. Quando o cientista observou e explicou, sua tarefa está terminada. Ao juiz resta ainda declarar sua sentença. Calando qualquer inclinação pessoal, pronuncia essa sentença segundo a lei? Ele se achará imparcial. Sê-lo-á, com efeito, no sentido dos juízes. Não no sentido dos cientistas. Pois não se poderia condenar ou absolver sem tomar partido por uma tábua de valores, que não depende de nenhuma ciência positiva. Que um homem tenha matado um outro é um fato eminentemente suscetível de prova. Mas castigar o assassino supõe que se considere o assassino culpado: o que, feitas as contas, é apenas uma opinião sobre a qual todas as civilizações não entraram num acordo.

Ora, por muito tempo o historiador passou por uma espécie de juiz dos Infernos, encarregado de distribuir o elogio ou o vitupério aos heróis mortos.

Acreditamos que essa atitude corresponda a um instinto poderosamente enraizado. Pois todos os professores que tiveram de corrigir trabalhos de estudantes sabem o quão pouco esses jovens se deixam dissuadir de brincar, do alto de suas carteiras, de Minos ou Osíris. São, mais que nunca, as palavras de Pascal: "Todo mundo age como deus ao julgar: isto é bom ou ruim." Esquecemos que um juízo de valor[1] tem sua única razão como preparação de um ato e com sentido apenas em relação a um sistema de referências morais, deliberadamente aceito. Na vida cotidiana, as exigências do comportamento nos impõem essa rotulagem, geralmente bastante sumária. Ali onde nada mais podemos, ali onde os ideais comumente recebidos diferem profundamente dos nossos, ela é apenas um estorvo. Então estaríamos tão seguros sobre nós mesmos e sobre nossa época para separar, na trupe de nossos pais, os justos dos malditos? Elevando ao absoluto os critérios, todos relativos, de um indivíduo, de um partido ou de uma geração, que brincadeira infligir suas normas à maneira como Sila governou Roma ou Richelieu os Estados do rei Cristianíssimo! Como aliás nada é mais variável, por natureza, que semelhantes decretos, submetidos a todas as flutuações da consciência coletiva ou do capricho pessoal, a história, ao permitir muito frequentemente que o quadro de honra prevaleça sobre a caderneta de experiências, gratuitamente deu-se ares da mais incerta das disciplinas: às ocas acusações sucedem as incontáveis vãs reabilitações. Robespierristas, antirrobespierristas, nós vos imploramos: por piedade, dizei-nos simplesmente quem foi Robespierre.

Além disso, se o julgamento apenas acompanhava a explicação, o leitor estará livre para pular a página. Por infelicidade, à força de julgar, acaba-se, quase fatalmente, por perder até o gosto de explicar. Com as paixões do passado misturando seus reflexos aos *partis pris* do presente, o olhar se turva sem remédio e, assim como o mundo dos maniqueus, a humana realidade vira apenas um quadro em preto e branco. Montaigne já nos chamara a atenção: "A partir do momento em que o julgamento pende para um lado, não se pode evitar de contornar e distorcer a narração nesse viés." Do mesmo modo, para penetrar uma consciência estranha separada de nós pelo intervalo das gerações, é preciso quase se despojar de seu próprio eu. Para lhe dizer algumas verdades, basta permanecer o que se é. O esforço é certamente menos rude. Assim como é muito mais fácil escrever pró ou contra Lutero do que escrutar sua alma; acreditar que o papa Gregório VII está acima do imperador Henrique IV ou Henrique IV acima de Gregório VII do que desemaranhar as razões profundas de um dos grandes dramas da civilização

---

1 Três folhas manuscritas, respectivamente numeradas IV-2, IV-3, IV-4, contêm, a partir das palavras "que um juízo de valor" até o título da segunda seção do capítulo "Da diversidade dos fatos humanos à unidade de consciência", o texto aqui reproduzido, que serviu para a datilografia.

ocidental! Vejam ainda, fora do plano individual, a questão dos bens nacionais. Rompendo com a legislação anterior, o governo revolucionário resolve vendê-los em parcelas e sem licitação. Era, incontestavelmente, comprometer gravemente os interesses do Tesouro. Certos eruditos, em nossos dias, ergueram-se veementemente contra essa política. Que coragem caso, presentes na Convenção, ali tivessem ousado falar nesse tom! Longe da guilhotina, essa violência sem perigo diverte. Mais vale investigar o que queriam, realmente, os homens do ano III. Almejavam, antes de tudo, favorecer a aquisição da terra por seu pequeno povo da província; ao equilíbrio do orçamento, prefeririam consolar os camponeses pobres, garante de sua fidelidade a uma nova ordem. Estavam errados? Ou tinham razão? Quanto a isso, o que me importa a decisão retardatária de um historiador? Apenas lhe pedimos que não se deixe hipnotizar por sua própria escolha a ponto de não mais conceber que uma outra, outrora, tenha sido possível. A lição do desenvolvimento intelectual da humanidade é no entanto clara: as ciências sempre se mostraram mais fecundas e, por conseguinte, muito mais proveitosas, enfim, para a prática, na medida em que abandonavam mais deliberadamente o velho antropocentrismo do bem e do mal. Hoje riríamos de um químico que separasse os gases ruins, como o cloro, dos bons, como o oxigênio. Mas se a química, em seus primórdios, tivesse adotado essa classificação, teria corrido o sério risco de nela chafurdar, em grande detrimento do conhecimento dos corpos.

Resguardemo-nos, contudo, de precipitar a analogia. A nomenclatura de uma ciência dos homens terá sempre seus traços específicos. A das ciências do mundo físico exclui o finalismo. Palavras como sucesso ou acaso, inabilidade ou habilidade, apenas seriam capazes de desempenhar aí, no melhor dos casos, o papel de ficções, sempre prenhes de perigos. Elas pertencem, ao contrário, ao vocabulário normal da história. Pois a história lida com seres capazes, por natureza, de fins conscientemente perseguidos.

Podemos admitir que um comandante de exército que trava uma batalha empenhe-se, ordinariamente, em vencê-la. Caso a perca, sendo as forças, de ambos os lados, aproximadamente iguais, será perfeitamente legítimo dizer que manobrou mal. Era-lhe habitual um acidente assim? Tampouco escaparemos do mais escrupuloso julgamento de fato observando que este não era provavelmente um estratagema muito bom. Seja ainda uma mudança monetária, cujo objeto era, suponhamos, favorecer os devedores à custa dos credores. Qualificá-la de excelente ou deplorável seria tomar partido em favor de um dos dois grupos; por conseguinte, transportar arbitrariamente, para o passado, uma noção toda subjetiva do bem público. Mas imaginemos que, casualmente, a operação destinada a aliviar o peso das dívidas tenha desembocado, na prática — isso foi visto —, em um resultado oposto. "Fracassou", dizemos, sem nada fazer com isso senão constatar, honestamente, uma realidade. O ato falho é um dos elementos essenciais da evolução humana. Assim como de toda psicologia.

E mais. Nosso general, por acaso, conduziu voluntariamente suas tropas à derrota? Ninguém hesitará em declarar que traiu: porque, sem rodeios, é assim que a coisa se chama. Mostrar-se-ia, por parte da história, uma delicadeza algo pedante em recusar o socorro do simples e correto léxico do uso comum. Restará depois investigar o que a moral comum da época ou do grupo pensava de tal ato. A traição pode ser, a seu modo, um conformismo: como testemunham os *condottieri* da antiga Itália.

Uma palavra, para resumir, domina e ilumina nossos estudos: "compreender". Não digamos que o historiador é alheio às paixões; ao menos, ele tem esta. Palavra, não dissimulemos, carregada de dificuldades, mas também de esperanças. Palavra, sobretudo, carregada de benevolência. Até na ação, julgamos um pouco demais. É cômodo gritar "à forca!". Jamais compreendemos o bastante. Quem difere de nós — estrangeiro, adversário político — passa, quase necessariamente, por mau. Inclusive, para travar as inevitáveis lutas, um pouco mais de compreensão das almas seria necessário; com mais razão ainda para evitá-las, enquanto ainda há tempo. A história, com a condição de ela própria renunciar a seus falsos ares de arcanjo, deve nos ajudar a curar esse defeito. Ela é uma vasta experiência de variedades humanas, um longo encontro dos homens. A vida, como a ciência, tem tudo a ganhar se esse encontro for fraternal.

2. Da diversidade dos fatos humanos à unidade da consciência

Compreender, no entanto, nada tem de uma atitude de passividade. Para fazer uma ciência, será sempre preciso duas coisas: uma realidade, mas também um homem. A realidade humana, como a do mundo físico, é enorme e variegada. Uma simples fotografia, supondo mesmo que a ideia dessa reprodução mecanicamente integral tivesse um sentido, seria ilegível. Dirão que, entre o que foi e nós, os documentos já interpõem um primeiro filtro? Sem dúvida, eliminam, frequentemente a torto e a direito. Quase nunca, em contrapartida, organizam de acordo com as exigências de um entendimento que quer conhecer. Assim como todo cientista, como todo cérebro que, simplesmente, percebe, o historiador escolhe e tria. Em uma palavra, analisa.

Tenho sob os olhos uma inscrição funerária romana: texto de um único bloco, estabelecido com uma só intenção. Porém, os testemunhos que esperam pela varinha de condão do erudito são de natureza bastante diferente[2]. Dedicamo-nos

---

2 Essa frase é resultado de uma correção manuscrita que figura abaixo do texto datilografado, de tal modo rasurada que torna impossível sua leitura. Não podemos portanto apresentar a versão antes da correção.

aos fatos de linguagem? As palavras, a sintaxe dirão o estado do latim tal as pessoas esforçavam-se por escrevê-lo nessa época e nesse lugar e, transparentemente, através dessa língua semiculta, transparecerá o falar de todo dia. Nossa predileção dirige-se às crenças? Estamos em pleno coração das esperanças no além-túmulo. À vida política? Um nome de imperador, uma data de magistratura nos deixarão satisfeitíssimos. À economia? O epitáfio revelará, talvez, um ofício ignorado. E paro por aqui. Em lugar de um documento isolado, consideremos agora, conhecido por documentos numerosos e variados, um momento qualquer no desenrolar de uma civilização. Dos homens que viviam então, não havia um que não participasse, quase simultaneamente, de múltiplos aspectos do destino humano: que não falasse e não se fizesse entender por seus vizinhos; que não tivesse seus deuses; que não fosse produtor, traficante ou simples consumidor; que, não tendo papel nos acontecimentos políticos, não sofresse pelo menos seus desdobramentos. Será possível retraçar todas essas diversas atividades, cujo conjunto compõe uma sociedade, de roldão, voando incessantemente de uma para outra, no próprio emaranhado, em suma, em que são apresentadas por cada documento ou cada vida, individual ou coletiva? Isso seria sacrificar a clareza, não em detrimento da ordem verdadeira do real, que é feita de afinidades naturais e ligações profundas, mas da ordem puramente aparente do sincronismo. Uma caderneta de experiências não se confunde com o diário, minuto por minuto, do que acontece dentro do laboratório.

Do mesmo modo, quando, ao longo da evolução humana, acreditamos discernir entre certos fenômenos o que chamamos um parentesco, o que entendemos por isso senão que cada tipo de instituições, de crenças, de práticas, ou mesmo de acontecimentos assim distinguidos, parece exprimir uma tendência particular e, até certo ponto, estável do indivíduo ou da sociedade? Negaremos por exemplo que, através de todos os contrastes, não haja algo de comum entre as emoções religiosas? Resulta daí necessariamente que compreenderemos sempre melhor um fato humano, qualquer que seja, se já possuirmos a compreensão de outros fatos do mesmo gênero. O uso que a primeira época feudal fazia da moeda como padrão dos valores, bem antes que como meio de pagamento, diferia profundamente daquele que lhe atribuía a economia ocidental por volta de 1850; entre o regime monetário de meados do século XIX e o nosso, os contrastes, por sua vez, não são menos vivos. No entanto, não acho que um erudito, que só tivesse descoberto a moeda por volta do ano mil, conseguisse apreender facilmente as próprias originalidades de seu emprego, nessa data. É o que justifica certas especializações, de certo modo, verticais: no sentido, é evidente, infinitamente modesto em que as especializações nunca são legítimas, isto é, como remédios contra a falta de extensão de nosso espírito e a brevidade de nossos destinos.

Tem mais. Ao deixar de classificar racionalmente uma matéria que nos foi entregue toda bruta, acabaríamos, afinal de contas, por negar apenas o tempo, por conseguinte a própria história. Pois esse estado do latim, poderemos compreendê-lo se não o desligarmos do desenvolvimento anterior da língua? Essa estrutura da propriedade, essas crenças não eram, certamente, começos absolutos. Na medida em que sua determinação é operada do mais antigo para o mais recente, os fenômenos humanos se orientam, antes de tudo, por cadeias de fenômenos semelhantes. Classificá-los por gêneros é portanto desvelar linhas de força de uma eficácia capital.

Mas, exclamarão alguns, as linhas[3] que você estabelece entre os diversos modos da atividade humana estão apenas em seu espírito; não estão na realidade, onde tudo se confunde. Você usa portanto de "abstração". De acordo. Por que temer as palavras? Nenhuma ciência seria capaz de prescindir da abstração. Tampouco, aliás, da imaginação. É significativo, seja dito de passagem, que os mesmos espíritos, que pretendem banir a primeira, manifestem geralmente um igual mau humor pela segunda. É, das duas partes, o mesmo positivismo mal compreendido. As ciências do homem não são exceção. François Simiand ergueu-se, há tempos, com justo vigor, contra as "brincadeiras nominalistas" cujo "singular privilégio" pretendia-se-lhes reservar. Em que a função clorofílica é mais "real", no sentido do extremo realismo, que a função econômica? Um nome abstrato jamais representa senão um rótulo de classificação. Tudo o que se tem direito de exigir dele é que agrupe os fatos segundo uma ordem útil para seu conhecimento. Apenas as classificações arbitrárias são funestas. Cabe ao historiador experimentar incessantemente as suas para revisá-las, se for o caso, e, sobretudo, flexibilizá-las. Aliás, elas são necessariamente de natureza bastante variável.

Vejam, por exemplo, o que se chama usualmente de "história do direito". O ensino e o manual, que são admiráveis instrumentos de esclerose, vulgarizaram o nome. Vejamos mais de perto, porém, o que este abrange. Uma regra de direito é uma norma social, explicitamente imperativa; sancionada, além disso, por uma autoridade capaz de impor seu respeito com a ajuda de um sistema preciso de coerções e de punições. Na prática, tais preceitos podem reger as atividades mais diversas. Nunca são os únicos a governá-las: obedecemos, constantemente, em nosso comportamento cotidiano, a códigos morais, profissionais, mundanos, não raro muito mais imperiosos que o Código puro e simples. As fronteiras deste oscilam incessantemente, aliás; e para ser ou não inserida nele, uma obrigação socialmente reconhecida não muda evidentemente de natureza. O direito, no sentido estrito do termo, é portanto o envoltório formal de realidades em si

---

3   Depois de "alguns", três ou quatro palavras estão riscadas, de modo que são indecifráveis. O texto datilografado legível retoma em "que". Além disso, a palavra "linhas" não apresenta um caráter de certeza.

mesmas extremamente variadas para fornecer, com proveito, o objeto de um estudo único; e não esgota nenhum deles. Será que para explorar a vida da família, quer se trate da pequena família matrimonial de hoje, vivendo perpétuas sístoles e diástoles, ou da grande linhagem medieval — essa coletividade cimentada por uma rede fortíssima de sentimentos e de interesses —, basta enumerar uns depois dos outros os artigos de um direito de família qualquer? Parece que às vezes já se acreditou nisso: com alguns decepcionantes resultados, a impotência em que hoje permanecemos de retraçar a íntima evolução da família francesa o denuncia com clareza. No entanto, há, na noção do fato jurídico como distinto dos outros, algo de exato. É que, ao menos em numerosas sociedades, a aplicação e, em larga medida, a própria elaboração das regras de direito foram obra própria de um grupo de homens relativamente especializado e, nesse papel (que seus membros podiam naturalmente combinar com outras funções sociais), suficientemente autônoma para possuir suas tradições próprias e, com frequência, até uma lógica de raciocínio particular. A história do direito, em suma, poderia muito bem só ter existência separada como história dos juristas: o que não é, para um ramo de uma ciência dos homens, maneira tão ruim de existir. Entendida nesse sentido, ela lança sobre fenômenos bastante diversos, mas submetidos a uma ação humana comum, luzes forçosamente incompletas, mas, em seus limites, bastante reveladoras. Ela apresenta um ponto de vista sobre o real.

Um gênero completamente diferente de divisão é fornecido pela disciplina que se adotou chamar "geografia humana". Aqui, o ângulo de visada não é focado na ação de uma mentalidade de grupo, como é o caso, sem que ela nem sempre se dê conta, para a história do direito; nem, tampouco, como para a história religiosa ou a história econômica, na natureza específica de um fato humano: crenças, emoções, elãs do coração e frêmitos da alma, inspirados pela imagem de forças alheias à humanidade, ou esforços para satisfazer e organizar as necessidades materiais. A busca centra-se em um tipo de ligações comuns a um grande número de fenômenos sociais. "A antropogeografia" estuda as sociedades em suas relações com o meio físico: trocas de sentido duplo, isso é claro, em que o homem age incessantemente sobre as coisas ao mesmo tempo que estas sobre ele. Aqui, portanto, nada mais nada menos que uma perspectiva, que outras perspectivas deverão completar. Este é, com efeito, em qualquer ordem de investigação, o papel de uma análise. A ciência decompõe o real apenas a fim de melhor observá-lo, graças a um jogo de fogos cruzados cujos raios constantemente se combinam e interpenetram. O perigo começa quando cada projetor pretende ver tudo sozinho; quando cada canto do saber é tomado por uma pátria.

Mais uma vez, contudo, desconfiemos de postular, entre as ciências da natureza e uma ciência dos homens, não sei que paralelismo falsamente geométrico. Na vista que tenho de minha janela, cada cientista pega o seu quinhão, sem muito se ocupar do conjunto. O físico explica o azul do céu, o químico a água do riacho, o botânico a relva. O cuidado de recompor a paisagem, tal como a percebo e me comove, eles deixam para a arte, se o pintor ou o poeta houverem por bem dela se encarregar. É que a paisagem, como unidade, existe apenas em minha consciência e o que é próprio do método científico — como essas formas do saber o praticam e, pelo sucesso que fazem, o justificam — é abandonar deliberadamente o contemplador para conhecer apenas os objetos contemplados. Os laços que nosso espírito tece entre as coisas lhes parecem arbitrários; elas os rompem, preconcebidamente, para restabelecer uma diversidade a seu ver mais autêntica. Logo, entretanto, o mundo orgânico estará formulando problemas mais delicados para seus analistas. O biólogo pode efetivamente, por maior comodidade, estudar à parte a respiração, a digestão, as funções motoras; não ignora que, acima disso tudo, há o indivíduo do qual é preciso dar conta. Mas as dificuldades da história são também de uma outra essência. Pois, em última instância, ela tem como matéria precisamente consciências humanas. As relações estabelecidas através destas, as contaminações, até mesmo as confusões da qual são terreno constituem, a seus olhos, a própria realidade.

Ora, *homo religiosus, homo oeconomicus, homo politicus*, toda essa ladainha de homens em *us*, cuja lista poderíamos estender à vontade, evitemos tomá-los por outra coisa do que na verdade são: fantasmas cômodos, com a condição de não se tornarem um estorvo. O único ser de carne e osso é o homem, sem mais, que reúne ao mesmo tempo tudo isso.

Certamente as consciências têm seus biombos interiores, que alguns dentre nós mostram-se particularmente hábeis em erguer. Gustave Lenotre não cansava de se espantar com a presença de tantos pais de família entre os Terroristas. Mesmo que nossos grandes revolucionários tenham sido autênticos bebedores de sangue cuja descrição causava pruridos tão agradáveis em um público confortavelmente aburguesado, esse espanto não deixa de trair uma psicologia bem tacanha. Quantos homens levam, em três ou quatro planos diferentes, diversas vidas que almejavam distintas e conseguem algumas vezes manter como tais! Daí, porém, a negar a unidade essencial do eu e as constantes interpenetrações dessas diversas atitudes vai uma grande distância. Eram dois estranhos um para o outro, Pascal matemático e Pascal cristão? Nunca cruzavam seus caminhos o douto médico François Rabelais e mestre Alcofribas de pantagruélica memória? No exato momento em que os papéis alternadamente assumidos pelo ator único parecerem se opor tão brutalmente quanto os personagens estereotipados de um melodrama, é possível que, ao examinarmos melhor, essa antítese seja apenas a máscara de uma solidariedade mais profunda. Zombou-se do elegíaco Floriano, que, parece, batia em suas amantes; talvez não espalhasse em seus versos tanta doçura senão para melhor se consolar por não conseguir colocá-la em prática em sua conduta. Quando o comerciante medieval, depois de haver, ao longo do dia, violado os mandamentos da Igreja sobre a usura e o preço justo, ia rezar para Nossa Senhora, e depois, no crepúsculo de sua vida, assumia funções pias e esmoleres; quando o grande manufaturador dos "tempos difíceis" construía hospitais com o dinheiro poupado sobre os miseráveis salários de crianças em andrajos, buscavam eles apenas, como em geral se diz, garantir, contra os raios celestes, um certo grau de proteção, ou então, com essas explosões de fé ou de caridade, também não satisfaziam, sem demasiadamente exprimi-lo, necessidades secretas do coração que a dura prática cotidiana os havia condenado a recalcar? Há contradições que se parecem muito com fugas[4].

Prescinde-se dos homens na sociedade? Como esta, de qualquer maneira que se a considere, só poderia ser, no final das contas, não diremos uma soma (seria, sem dúvida, dizer muito pouco), mas um produto de consciências individuais, ninguém se espantará de nela descobrir o mesmo jogo de perpétuas interações. É um fato certo que, do século XII à Reforma pelo menos, as comunidades dos tecelões constituíram um dos terrenos privilegiados de heresias. Eis seguramente um belo assunto para uma ficha de história religiosa. Coloquemos portanto cuidadosamente esse pedaço de cartolina em sua gaveta. Nos escaninhos vizinhos etiquetados, dessa vez, "histórica econômica", lancemos uma segunda safra de anotações. Acreditamos com isso ter dado conta dessas trêfegas sociedadezinhas de teares? Ainda falta muito para explicá-las, uma vez que um de seus traços fundamentais foi não fazer coexistir o religioso com o econômico, mas entrelaçá-los. Atingido por "essa espécie de certeza, de segurança, de base moral", de que algumas gerações vindas imediatamente antes da nossa parecem ter gozado com espantosa plenitude, Lucien Febvre descobre para isso, acima de tudo, duas razões: o império sobre as inteligências do sistema cosmológico de De Laplace e "a anormal fixidez" do regime monetário. Nenhum fato humano de natureza, aparentemente, mais oposta do que estes. Colaboraram no entanto para dar à atitude mental de um grupo sua tonalidade mais característica.

Sem dúvida, não mais que no seio de qualquer consciência pessoal, essas relações em escala coletiva não são simples. Não se ousaria mais escrever hoje em dia, pura e simplesmente, que a literatura é "a expressão da sociedade". Pelo menos não o é de forma alguma no sentido em que um espelho "exprime" o objeto refletido. Ela pode traduzir tanto reações de defesa quanto uma concordância. Ela

---

4   A página datilografada numerada IV-11 termina com essas palavras. Falta a página IV-12, de modo que se recorreu ao texto datilografado estabelecido segundo as instruções de Lucien Febvre para reconstituí-la.

carreia, quase inevitavelmente[5], um grande número de temas herdados, de mecanismos formais aprendidos na oficina, antigas convenções estéticas, que são também causas de atraso. "Na mesma data", escreve com sagacidade o sr. Focillon, "o político, o econômico, o artístico não ocupam" — eu preferiria "não ocupam forçosamente" — "a mesma posição em suas curvas respectivas". Mas é a defasagens, precisamente, que a vida social deve seu ritmo quase sempre entrecortado. Do mesmo modo, na maior parte dos indivíduos, as diversas almas, para falar a linguagem pluralista da antiga psicologia, raramente têm uma idade igual: quantos homens maduros conservam ainda recônditos de infância!

Michelet explicava, em 1837, a Sainte-Beuve: "Se eu tivesse introduzido apenas a história política na narração, se não houvesse tratado dos elementos diversos da história (religião, direito, geografia, literatura, arte etc.), minha atitude teria sido completamente outra. Mas era preciso um grande movimento vital, porque todos esses diversos elementos distintos gravitavam juntos na unidade do relato." Em 1880[6], Fustel de Coulanges, por sua vez, dizia a seus ouvintes da Sorbonne: "Suponham cem especialistas dividindo, por lotes, o passado da França: vocês acreditam que no final eles tenham feito a história da França? Duvido muito; faltar-lhes-ia pelo menos o liame dos fatos; ora esse liame também é uma verdade histórica." "Movimento vital", "liame": a oposição das imagens é significativa. Michelet pensava, sentia sob os augúrios do orgânico; filho de uma época à qual o universo newtoniano parecia fornecer o modelo acabado da ciência, Fustel recebia suas metáforas do espaço. A concordância fundamental entre os dois apenas torna isso mais sonoro. Esses dois grandes historiadores eram grandes demais para ignorá-lo: não mais que um indivíduo, uma civilização nada tem de um jogo de paciência, mecanicamente arranjado; o conhecimento dos fragmentos, sucessivamente estudados, cada um por si, jamais propiciará o do todo; não propiciará sequer o dos próprios fragmentos.

Mas o trabalho de recomposição, ao qual nos convidavam tanto Michelet como Fustel, só poderia vir depois da análise. Sejamos mais claros: ele próprio não é senão o prolongamento da análise, como sua razão de ser. Na imagem primitiva, antes contemplada do que observada, como teriam sido discernidas as ligações, já que nada se distinguia? Sua rede delicada só podia aparecer uma vez os fatos classificados inicialmente por linhagens específicas. Do mesmo modo, para permanecer fiel à vida, no constante entrecruzamento de suas ações e reações, não é de forma alguma necessário pretender abraçá-la por inteiro, por um esforço geralmente muito vasto para as possibilidades de um único cientista. Nada mais legíti-

---

5   Aqui termina o texto extraído do estabelecido por Lucien Febvre.
6   Marc Bloch havia deixado um branco no lugar da data. Retomamos a que figurava na edição precedente.

mo, nada mais saudável do que centrar o estudo de uma sociedade em um desses aspectos particulares, ou, melhor ainda, em um dos problemas precisos que levanta este ou aquele desses aspectos: crenças, estrutura das classes ou dos grupos, as crises políticas... Por meio dessa escolha meditada, os problemas não apenas serão, em geral, mais firmemente colocados: inclusive os fatos de contato e de troca ressairão com mais clareza. Com a condição, simplesmente, de se querer descobri-los. Gostariam de conhecer de fato esses grandes comerciantes da Europa do Renascimento, vendedores de tecidos ou de especiarias, monopolizadores de cobre, de mercúrio ou de alume, banqueiros dos imperadores e dos reis através de suas próprias mercadorias? Não será indiferente lembrarem-se que eram pintados por Holbein, que liam Erasmo ou Lutero. A fim de compreenderem a atitude do vassalo para com seu senhor, será preciso também informarem-se sobre qual era sua atitude para com Deus. O historiador nunca sai do tempo. Mas, por uma oscilação necessária, que o debate sobre as origens já nos deu à vista, ele considera ora[7] as grandes ondas de fenômenos aparentados que atravessam, longitudinalmente, a duração, ora o momento humano em que essas correntes se apertam no nó poderoso das consciências.

3. A nomenclatura

Seria então pouca coisa limitar-se a discernir em um homem ou uma sociedade os principais aspectos de sua atividade. No seio de cada um de seus grandes grupos de fatos, um novo e mais delicado esforço de análise é necessário. É preciso distinguir as diversas instituições que compõem um sistema político, as diversas crenças, práticas, emoções de que é feita uma religião. É preciso, em cada uma dessas peças e nos próprios conjuntos, caracterizar os traços que ora os aproximam, ora os desviam das realidades de mesma ordem... Problema de classificação inseparável, na prática, do problema fundamental da nomenclatura.

Pois toda análise requer primeiro, como instrumento, uma linguagem apropriada capaz de desenhar com precisão os contornos dos fatos, embora conservando a flexibilidade necessária para se adaptar progressivamente às descobertas, uma linguagem sobretudo sem flutuações nem equívocos. Ora, é aí que o sapato aperta, para nós historiadores. Um escritor de espírito aguçado, que não nos aprecia, enxergou bem: "Esse momento capital das definições e das convenções nítidas e específicas que vêm substituir as significações de origem confusa e esta-

---

[7] A página datilografada numerada IV-14 termina com essas palavras. Falta a página IV-15. Procedeu-se portanto como indicado na nota 4.

tística não chegou para a história." Assim fala o sr. Paul Valéry. Mas se é verdade que essa hora de exatidão ainda não chegou, será impossível que chegue um dia? E, em primeiro lugar, por que se mostra tão morosa para chegar?

A química forjou para si seu material de signos. Até suas palavras: "gás" é, se não me engano, um dos raros vocábulos autenticamente inventados que a língua francesa possui. É que a química tinha a grande vantagem de se dirigir a realidades incapazes, por natureza, de se nomearem a si mesmas. A linguagem da percepção confusa, que ela rejeitou, não era menos exterior às coisas e, nesse sentido, menos arbitrária do que a da observação classificada e controlada pela qual foi substituída: quer se diga vitríolo ou ácido sulfúrico, o corpo em nada interfere nisso. É totalmente diferente no caso de uma ciência da humanidade. Para dar nomes a seus atos, a suas crenças e aos diversos aspectos de sua vida de sociedade[8], os homens não esperaram para vê-los tornarem-se o objeto de uma pesquisa desinteressada. A história recebe seu vocabulário, portanto, em sua maior parte, da própria matéria de seu estudo. Aceita-o, já cansado e deformado por um longo uso; ambíguo, aliás, não raro desde a origem, como todo sistema de expressão que não resulta do esforço severamente combinado dos técnicos.

O pior é que esses próprios empréstimos carecem de unidade. Os documentos tendem a impor sua nomenclatura; o historiador, se os escuta, escreve sob o ditado de uma época cada vez diferente. Mas pensa, por outro lado, naturalmente segundo as categorias de sua própria época; por conseguinte, com as palavras desta: quando falamos de patrícios, um contemporâneo do velho Catão nos teria compreendido; o autor, em contrapartida, que evoca o papel da "burguesia" nas crises do Império Romano, como traduziria em latim o nome e a ideia? Assim, duas orientações distintas compartilham, quase necessariamente, a linguagem da história. Examinemos uma de cada vez.

Reproduzir ou decalcar a terminologia do passado pode parecer, à primeira vista, um procedimento bastante seguro. Choca-se, porém, na aplicação, com múltiplas dificuldades.

Em primeiro lugar, as mudanças das coisas estão longe de acarretar sempre mudanças paralelas em seus nomes. Este é o procedimento natural do caráter tradicionalista inerente a toda linguagem, assim como a pobreza de inventividade da qual sofre a maioria dos homens.

A observação vale também para os utensílios, sujeitos no entanto a[9] modificações em geral bem radicais. Quando meu vizinho me diz: "vou sair de carro", devo

---

8   Aqui termina o texto extraído do estabelecido por Lucien Febvre.
9   A página datilografa numerada IV-16 termina com essas palavras. Falta a página IV-17. Procedeu-se, portanto, como anteriormente.

compreender que está falando de um veículo a cavalo? Ou de um automóvel? Apenas a experiência que possuo, previamente, de seu estábulo ou de sua garagem me permitirá responder. *Aratrum* designava, em princípio, o instrumento de trabalho da terra sem rodas: *carruca*, o que era provido delas. Como, no entanto, o primeiro apareceu antes do segundo, estaria eu seguro, se encontrasse em um texto a velha palavra, de que ela não foi simplesmente mantida para o novo instrumento? Inversamente, Mathieu de Dombasle chamou *charrue* o instrumento que imaginara e que, privado de rodas, era na verdade um arado.

O quão, porém, esse apego ao nome herdado não parece mais forte a partir do momento em que consideramos realidades de uma ordem menos material! É que as transformações, em tal caso, operam-se quase sempre muito lentamente para serem perceptíveis aos próprios homens que afetam. Eles não experimentam a necessidade de mudar o rótulo, porque a mudança do conteúdo lhes escapa. A palavra latina *servus*, que deu em francês *serf*, atravessou os séculos. Mas ao preço de tantas alterações sucessivas na condição assim designada que, entre o *servus* da antiga Roma e o *serf* da França de são Luís, os contrastes prevaleceram em muito sobre as semelhanças. Também os historiadores geralmente tomam partido de reservar "servo" para a Idade Média. Trata-se da Antiguidade? Eles falam de "escravos". Em outras palavras, ao decalque preferem, no caso, o equivalente. Não sem sacrificar à exatidão intrínseca da linguagem um pouco da harmonia de suas cores; pois o termo que eles transplantam assim para uma atmosfera romana nasce apenas lá pelo ano mil nos mercados de carne humana onde os cativos eslavos pareciam fornecer o próprio modelo de uma inteira sujeição, que se tornou totalmente estranha aos servos nativos do Ocidente. O artifício é cômodo, tanto que o levamos a seus extremos[10]. No intervalo, contudo, em que data fixar o limite no qual, diante do servo, o escravo sumiria? É o eterno sofisma do monte de trigo. De todo modo, eis-nos então obrigados, para fazer justiça aos próprios fatos, a substituir a linguagem deles por uma nomenclatura, se não propriamente inventada, pelo menos remanejada e defasada.

Acontece de, reciprocamente, os nomes variarem, no tempo ou no espaço, independentemente de qualquer variação nas coisas.

Algumas vezes, causas particulares à evolução da linguagem resultaram no desaparecimento de uma palavra, sem que o objeto ou o ato que ela servia para notar fosse minimamente afetado. Pois os fatos linguísticos têm seu coeficiente próprio de resistência ou de ductilidade. Ao constatar o desaparecimento, nas línguas romanas, do verbo latino *emere* e sua substituição por outros verbos, de origens bastante diferentes — "*acheter*", "comprar" etc. —, um erudito, antes,

---

10 Aqui termina o texto extraído de Lucien Febvre.

acreditou poder tirar daí as conclusões mais amplas, as mais engenhosas, sobre as transformações que, nas sociedades herdeiras de Roma, teriam afetado o regime das trocas. O que não teria se perguntado caso esse fato indiscutível pudesse ser tratado como um fato isolado! Nada foi mais comum, ao contrário, nos falares oriundos do latim do que a queda de palavras muito curtas que, com isso, mais a ajuda da anemia das sílabas átonas, tornaram-se progressivamente indistintas. O fenômeno é de ordem estritamente fonética, e é divertido o erro de tomar uma aventura da pronúncia por um traço de civilização econômica[11]. Em outras fontes, são as condições sociais que se opõem ao estabelecimento ou à manutenção de um vocabulário uniforme. Em sociedades muito fragmentadas, como as da Idade Média, era frequente que instituições essencialmente idênticas fossem, conforme os lugares, designadas por termos muito diferentes. Ainda em nossos dias, os falares rurais se distanciam muito entre si, até nas notações dos objetos mais comuns e dos costumes mais universais. Na província do Centre, onde escrevo essas linhas, chamam "*village*" o que no Norte seria denominado "*hameau*"; a aldeia do Norte aqui é um "*bourg*". Essas divergências verbais apresentam, em si mesmas, fatos bastante dignos de atenção. Porém, ao conformar a isso sua própria terminologia, o historiador não comprometeria apenas a inteligibilidade de seu discurso; impossibilitaria até mesmo o trabalho de classificação, que figura entre seus primeiros deveres.

Nossa ciência não dispõe, como a matemática ou a química, de um sistema de símbolos completamente separado da língua nacional. O historiador fala unicamente com palavras; portanto, com as de seu país. Acha-se ele em presença de realidades que se exprimiram numa língua estrangeira, morta ou ainda viva? Será obrigado a traduzi-las. Quanto a isso, nenhum obstáculo sério, contanto que as palavras se relacionem a coisas ou a ações banais: essa moeda corrente do vocabulário é facilmente intercambiável. Em contrapartida, logo que surgem instituições, crenças, costumes que participam mais profundamente da vida própria de uma sociedade, a transposição em uma outra língua, feita à imagem de uma sociedade diferente, torna-se uma empresa cheia de riscos. Escolher o equivalente é postular uma semelhança. Pelo menos zelemos para que ela não seja só de superfície.

Vamos nos resignar portanto, em desespero de causa, a conservar, ainda que com uma explicação, o termo original? Certamente, algumas vezes isso será preciso. Quando vimos, em 1919, a Constituição de Weimar manter o velho nome de

---

11 Essa passagem, começando com "Pois os fatos linguísticos", é uma reescrita da que se encontrava, na primeira redação no capítulo II, como ilustração do desconhecimento das ciências auxiliares da história.

Reich para o Estado alemão: "Estranha República!", exclamaram, entre nós, certos publicistas. "E não é que ela insiste em se dizer 'Império'!" A verdade não está apenas em que "Reich" não evoca de modo algum, por si mesma, a ideia de um imperador; associada às imagens de uma história política perpetuamente oscilante entre o particularismo e a unidade, a palavra exprime um som muito especificamente alemão para permitir, numa língua em que se reflete um passado nacional completamente diferente, a menor tentativa de tradução.

Como generalizar porém essa reprodução mecânica, verdadeira solução pela lei do menor esforço? Abandonemos mesmo qualquer preocupação com propriedade de linguagem: seria aborrecido, confessemos, ver os historiadores, entulhando suas frases de vocábulos estrangeiros, imitar esses autores de romances históricos que, à força de dialetizar, deslizam para um jargão em que o homem dos campos não se reconheceria mais do que um citadino. Ao renunciar a qualquer tentativa de equivalência, com frequência é a própria realidade que trairíamos. Um uso, que remonta, creio, ao século XVIII, diz que "*serf*", em francês, palavra de sentido próximo em outras línguas ocidentais, seja empregado para designar o camponês estritamente submisso ao senhor da terra, o *chriépostnoï* da antiga Rússia tzarista. Seria difícil imaginar combinação mais desencontrada. De um lado, um regime de apego à gleba, pouco a pouco transformado em verdadeira escravatura; do outro, uma forma de dependência pessoal que, malgrado seu rigor, estava muito longe de tratar o homem como uma coisa desprovida de todos os direitos: a pretensa servidão russa quase nada de comum tinha com nossa servidão medieval. Mas dizer pura e simplesmente *chriépostnoï* não nos adiantaria em nada. Pois existiram na Romênia, na Hungria, na Polônia e até na Alemanha oriental tipos de sujeição camponesa estreitamente aparentados àquele que[12] se estabeleceu na Rússia. Será preciso, respectivamente, falar romeno, húngaro, polonês, alemão ou russo? Mais uma vez o essencial, que seria reconstituir as ligações profundas entre os fatos exprimindo-os em uma nomenclatura correta, escaparia. O rótulo foi mal escolhido. Um rótulo comum, colado aos nomes nacionais, em lugar de copiá-los, não deixa de continuar a ser menos necessário.

Numerosas sociedades praticaram o que podemos chamar um bilinguismo hierárquico. Duas línguas enfrentavam-se, uma popular, outra culta. O que se pensava e se dizia correntemente na primeira escrevia-se, exclusiva ou preferencialmente, na segunda. Assim, a Abissínia, do século XI ao XVII, escreveu em guerze, falou

---

12 Com essas palavras termina a folha manuscrita numerada IV-17, começando com "Nossa ciência não dispõe, como a matemática", utilizada para a datilografia e cujo texto é idêntico.

em anfárico. Assim, os Evangelhos relataram em grego, que era então a grande língua de cultura do Oriente, frases que é preciso supor ditas em aramaico pelas pessoas. Assim, mais próxima de nós, a Idade Média, durante muito tempo, não se administrou, não se narrou a si própria senão em latim. Herdeiras de civilizações mortas ou emprestadas de civilizações estrangeiras, essas línguas de letrados, de padres e de notários deviam necessariamente exprimir muitas realidades para as quais não eram de modo algum originalmente talhadas. Só conseguiam isso com a ajuda de todo um sistema de transposições, inevitavelmente canhestro.

Ora, é por esses escritos que — excetuando testemunhos materiais — conhecemos uma sociedade. Aquelas em que triunfou um tal dualismo de linguagem revelam-se a nós portanto, em muitos de seus traços principais, apenas através de um véu aproximativo. Às vezes, inclusive, até uma tela suplementar se interpõe. O grande cadastro da Inglaterra que Guilherme o Conquistador mandou estabelecer, o famoso *Livro do Julgamento* (*Domesday Book*), foi obra de clérigos normandos ou do Maine. Eles não apenas descreveram instituições especificamente inglesas em latim; primeiro, repensaram-nas em francês. Ao se chocar com essas nomenclaturas por substituição de termos, o historiador não dispõe de outro recurso senão realizar o trabalho às avessas. Se as correspondências foram comodamente escolhidas e sobretudo aplicadas com sequência, a tarefa será relativamente simples. Não se terá muita dificuldade em reconhecer, por trás dos "cônsules" dos cronistas, os condes da realidade. Encontram-se, infelizmente, casos menos favoráveis. O que eram os *colliberti*, os *bordarii* do *Domesday Book*? Despojadas de seus ouropéis latinos, as palavras deixam-se facilmente reconstituir nos falares da França do Oeste: "*cuverts*", "*bordiers*"*. Mas hesitamos quanto a que termos ingleses deveriam corresponder. Uma coisa é certa: o equivalente não se impunha. Pois apenas alguns dos redatores do documento o empregaram e nunca, depois deles, alguém o retomou. O que era o *colonus* de nossos documentos dos séculos XI e XII? Pergunta desprovida de sentido. Com efeito, sem herdeira nessa língua vulgar, porque havia deixado de evocar qualquer coisa de vivo, a palavra representava somente um artifício de tradução, empregado pelos notários para designar respectivamente, em belo latim clássico, condições jurídicas ou econômicas bem distintas.

Do mesmo modo, essa oposição de duas línguas, forçosamente diferentes, não traduz na verdade senão o caso limite de contrastes comuns a todas as sociedades. Até nas nações mais unificadas, como a nossa, cada pequena coletividade profissional, cada grupo caracterizado pela cultura ou a fortuna possui seu sistema de

---

* *Cuverts, bordiers*: pessoas que exploravam uma pequena fazenda, ou *borde*, sujeita a encargos pagos a um senhor. (N.T.)

expressão particular. Ora, nem todos os grupos escreveram ou escrevem tanto, ou têm tantas oportunidades de transmitir seus escritos à posteridade. Todos sabem: é raro que o auto de um interrogatório judicial reproduza literalmente as declarações pronunciadas; o escrivão, quase espontaneamente, organiza, esclarece, restabelece a sintaxe, poda as palavras julgadas demasiado vulgares[13]. As civilizações do passado também tiveram seus escrivães: cronistas, juristas sobretudo. Foi a voz deles, antes de qualquer coisa, que nos chegou. Evitemos esquecer que as palavras que eles usavam, as classificações que propunham com essas palavras, eram resultado de uma elaboração erudita, frequentemente sistemática, muitas vezes exageradamente influenciada pela tradição. Que surpresa, talvez, se no lugar de penar sobre a terminologia, confusa, contraditória e provavelmente artificial, dos recenseadores ou dos capitulários merovíngios, pudéssemos, passeando em uma aldeia dessa época, escutar os camponeses entre si dando nome às suas condições ou os senhores às de seus súditos! É claro que essa descrição da prática cotidiana por si mesma não nos forneceria, tampouco, toda a vida — pois as tentativas de expressão e, por conseguinte, de interpretação que advêm dos doutos ou dos homens da lei constituem, elas também, forças concretamente atuantes; seria, pelo menos, atingir uma fibra profunda. Que ensinamento para nós se — fosse o deus de ontem ou de hoje — fôssemos capazes de captar nos lábios dos humildes sua verdadeira prece! Supondo, no entanto, que eles próprios tenham sabido traduzir, sem mutilá-los, os impulsos de seu coração.

Pois aí está, em última instância, o grande obstáculo. Nada mais difícil para um homem do que se exprimir a si mesmo. Mas não é menor a dificuldade de encontrar, para as fluidas realidades sociais que são a trama de nossa existência, nomes isentos ao mesmo tempo de ambiguidade e de falso rigor. Os termos mais usuais nunca são senão aproximações. Mesmo os termos de fé, que imaginaríamos de bom grado de sentido estrito. Escrutando o mapa religioso da França, vejam quantas distinções nuançadas um erudito, como o sr. Le Bras, é hoje obrigado a substituir por este simples rótulo: "católica". Os historiadores que, do alto de suas crenças — se não, talvez com mais frequência, de sua descrença —, tocam[14] rigidamente quanto ao catolicismo ou não catolicismo de um Erasmo, têm muito

---

13 A prática de juiz de instrução e do ofício de juiz obriga-me aqui a trazer uma precisão: na França contemporânea, pelo menos, o escrivão não redige o auto de um interrogatório senão materialmente; este é ditado pelo juiz de instrução e, muito frequentemente, esse ditado é uma verdadeira "traição" das declarações da pessoa interrogada ou ouvida; quanto à prática dos tribunais, não é mais satisfatória; é o escrivão quem redige o auto dos debates, o mais frequentemente elíptico e com relações apenas distantes com o que verdadeiramente ocorreu na audiência.

14 Trata-se provavelmente de um erro de datilografia; é mais possível que a palavra seja "decidem".

sobre o que refletir. Outras realidades, muito vivas, falharam em encontrar as palavras necessárias. Um operário de nossos dias fala tranquilamente de sua consciência de classe: mesmo sendo esta, eventualmente, bastante fraca. Não acredito que esse sentimento de solidariedade ponderada e armada tenha um dia se manifestado com mais força ou clareza do que entre os operários de nossos campos do Norte, por volta do final do Antigo Regime; diversas petições, certas cadernetas de 1789 nos preservaram deles ecos pungentes. O sentimento, entretanto, não podia então ser nomeado, porque ainda não tinha nome.

Para resumir, o vocabulário dos documentos não é, a seu modo, nada mais que um testemunho: precioso, sem dúvida, entre todos; mas, como todos os testemunhos, imperfeito; portanto, sujeito à crítica. Cada termo importante, cada figura de estilo característica, torna-se um verdadeiro instrumento de conhecimento, bastando ser confrontado uma única vez com seu ambiente; recolocado no uso da época, do meio ou do autor; protegido, sobretudo, quando sobreviveu por muito tempo contra o perigo, sempre presente, do contrassenso por anacronismo. A unção real, no século XII, era naturalmente tratada como sacramento; afirmação certamente repleta de significação, apesar de desprovida, naquela data, do valor singularmente mais forte que lhe atribuiria, atualmente, uma teologia rígida em suas definições e, portanto, em seu léxico. O advento do nome é sempre um grande fato, mesmo se a coisa o havia precedido; pois marca a etapa decisiva da tomada de consciência. Que passo o dia em que os adeptos de uma nova fé se disserem eles mesmos cristãos! Alguns de nossos primogênitos, como Fustel de Coulanges, nos forneceram admiráveis modelos desse estudo dos sentidos, dessa semântica histórica. Desde sua época, os progressos da linguística aguçaram ainda mais a ferramenta.

Decerto, por mais incompleta que em geral seja a aderência, os nomes dizem respeito, apesar de tudo, às realidades de uma influência forte demais para permitir um dia descrever uma sociedade sem que seja feito um largo emprego das palavras, devidamente explicadas e interpretadas. Não imitaremos os tradicionais tradutores da Idade Média. Falaremos de condes quando se tratar de condes, de cônsules se Roma estiver em cena. Um grande progresso foi realizado na compreensão das religiões helênicas quando, nos lábios dos eruditos, Júpiter viu-se definitivamente destronado por Zeus. Mas isso diz respeito sobretudo ao detalhe das instituições, dos artefatos ou das crenças. Estimar que a nomenclatura dos documentos possa bastar completamente para fixar a nossa seria o mesmo, em suma, que admitir que nos fornecem a análise toda pronta. A história, nesse caso, não teria muito a fazer. Felizmente, para nossa satisfação, não é nada disso. Eis por que somos obrigados a procurar em outro lugar nossas grandes estruturas de classificação.

Para fornecê-las, todo um léxico já nos é oferecido, cuja generalidade se pretende superior às ressonâncias de qualquer época particular. Elaborado, sem seu objetivo preestabelecido, pelos retoques sucessivos de várias gerações de historiadores, ele reúne elementos de data e de proveniência muito diversos. "Feudal", "feudalismo": termos de rábula, tirados do Tribunal, desde o século XVIII, por Boulainvilliers, depois por Montesquieu, para tornarem-se rótulos bem inapropriados de um tipo de estrutura social ele mesmo bastante mal definido. "Capital": palavra de usurário e de contador, cuja significação foi bastante estendida, muito cedo, pelos economistas. "Capitalista": distante resíduo do jargão dos especuladores, nas primeiras Bolsas europeias. Mas "capitalismo", que detém atualmente em nossas classificações um lugar bem mais considerável, é recentíssima: carrega sua desinência como uma marca de origem (*Kapitalismus*). "Classe" ressoa o naturalista ou o filósofo: porém com um acento novo, em que as lutas sociais repercutem sua dureza. "Revolução" trocou por um sentido muito humano suas antigas associações astrológicas; no céu, era, é ainda, um movimento regular; na Terra, agora, uma brusca crise. "Proletário" veste-se à antiga, como os homens de 89 dos quais se originou; mas Marx, depois de Babeuf, deixou para sempre sua marca aí. A própria América deu "totem" e a Oceania, "tabu": extraídas de etnógrafos, diante dos quais o classicismo dos historiadores hesita...

Nem essa variedade de origens, nem esses desvios de sentido são de forma alguma um incômodo. Uma palavra vale menos por sua etimologia do que pelo uso que dela é feito. Se capitalismo, mesmo em suas aplicações mais amplas, está longe de se estender a todos os regimes econômicos em que o capital dos emprestadores de dinheiro desempenha um papel, se feudal serve correntemente para caracterizar sociedades cujo feudo não foi certamente o traço mais significativo, não há nada aí que contradiga a universal prática de todas as ciências, obrigadas, a partir do momento em que não se contentam mais com meros símbolos algébricos, a beber no vocabulário misturado da vida cotidiana. Vamos nos escandalizar se o físico persistir em chamar átomo, quer dizer, indivisível, o objeto de suas mais audaciosas dissecações?

Muito mais temíveis são os eflúvios emotivos de que tantas dessas palavras nos chegam carregadas. Os poderes do sentimento raramente favorecem a precisão na linguagem.

O uso, até nos historiadores, tende a confundir, da maneira mais desagradável, as expressões "regime feudal" e "regime senhorial". É assimilar arbitrariamente, à rede de vínculos de dependência característica de uma aristocracia guerreira, um tipo de sujeição camponesa que, muito diferente por natureza, nasceu, além disso, muito mais cedo, durou muito mais tempo e foi, mundo afora, muito mais difundido. O quiproquó remonta ao século XVIII. A vassalagem e o feudo continuavam então a existir, mas no estado de simples formas jurídicas, já há vários séculos quase vazias de substância. Oriunda desse mesmo passado, a senhoria, ao contrário, permanecia vivíssima. Nessa herança, os escritores políticos não souberam fazer distinções. Não era apenas que a compreendiam mal. Em sua maioria, não a consideravam friamente. Detestavam ao mesmo tempo seus arcaísmos e, pior, o que ainda teimava em conter forças opressoras. Uma condenação comum envolvia o todo. Depois a Revolução aboliu simultaneamente e sob um nome único, junto com as instituições propriamente feudais, a senhoria. Dela não subsistiu senão uma lembrança, embora tenaz e colorida com tintas vivas pela imagem das lutas dos últimos tempos. A confusão doravante estava estabelecida, nascida da paixão ainda pronta a se expandir, sob o efeito de novas paixões. Hoje mesmo, quando evocamos a torto e a direito os "feudalismos" industriais ou bancários, fazemos isso com absoluta serenidade? Há sempre, por trás, um reflexo de castelos em chamas, durante o quente verão de 89.

Ora, essa é, infelizmente, a sorte de muitas de nossas palavras. Elas continuam a viver a nosso lado uma vida conturbada de praça pública. Não são as arengas de um historiador que atualmente nos instam a identificar capitalismo e comunismo. Sinais frequentemente variáveis, segundo os ambientes ou os momentos, esses coeficientes de afetividade não engendram senão mais equívoco. Diante do nome revolução, os ultras de 1815 velavam o rosto. Os de 1940 camuflam com ele seu golpe de Estado.

Suponhamos, porém, nosso vocabulário definitivamente rendido à impassibilidade. As mais intelectuais das línguas também têm suas armadilhas. Decerto, não se experimenta aqui a menor tentação de reeditar as "brincadeiras nominalistas", cujo "singular privilégio" François Simiand se espantava tempos atrás, com razão, por ver reservado às ciências do homem. Com que direito nos recusar facilidades de linguagem, indispensáveis a todo conhecimento racional? Estamos falando, por exemplo, do maquinismo? Isso não é de modo algum criar uma entidade. Sob um nome expressivo, isso é agrupar a seu bel-prazer fatos concretos cuja similitude, que o nome propriamente tem como objetivo significar, é também uma realidade. Em si, essas rubricas têm portanto toda legitimidade. Seu verdadeiro perigo vem de sua própria comodidade. Mal-escolhido ou aplicado demasiado mecanicamente, o símbolo, que só estava aí para ajudar a análise, acabou por dispensar o ato de analisar. Com isso, fomenta o anacronismo: entre todos os pecados, ao olhar de uma ciência do tempo, o mais imperdoável.

As sociedades medievais distinguiam duas grandes condições humanas: havia os homens livres; outros que passavam por não sê-lo absolutamente. Mas a noção de liberdade é daquelas que cada época manipula à vontade. Certos historiadores julgaram portanto, em nossos dias, que no sentido pretensamente normal da palavra, ou seja, o deles, os não livres da Idade Média haviam sido mal nomeados.

Eram apenas, diziam, "semilivres". Palavra inventada, sem nenhum apoio nos textos, essa intrusa, em qualquer situação, seria um estorvo. Infelizmente não mais que isso. Por uma consequência quase inevitável, o falso rigor que ela conferia à linguagem pareceu tornar supérflua qualquer pesquisa verdadeiramente aprofundada sobre a fronteira da liberdade e da servidão, tal como essas civilizações concebiam a imagem: limite com frequência incerto, variável inclusive segundo os *partis pris* do momento ou do grupo, mas do qual uma das características essenciais foi, justamente, jamais ter tolerado essa zona marginal que sugere, com uma insistência importuna, o nome de semiliberdade. Uma nomenclatura imposta ao passado acarretará sempre uma deformação, caso tenha por proposta ou apenas por resultado pespegar suas categorias às nossas, alçadas, para a ocasião, à eternidade. Não há outra atitude razoável a tomar em relação a esses rótulos senão eliminá-los.

Capitalismo foi uma palavra útil. Provavelmente tornar-se-á de novo, quando conseguirmos lavá-la de todos os equívocos dos quais, à medida que ia passando ao uso mais corrente, cada vez mais se impregnou. Por ora, transportada, incautamente, através das civilizações as mais diversas, acaba, quase fatalmente, por mascarar suas originalidades. "Capitalista", o regime econômico do século XVI? Pode ser. Considerem, porém, essa espécie de descoberta universal do ganho de dinheiro, infiltrando-se então de cima para baixo na sociedade, tragando tanto o comerciante ou notário de aldeia quanto o grande banqueiro de Augsburgo ou de Lyon; vejam a ênfase colocada no empréstimo ou na especulação comercial muito mais cedo do que na organização da produção: em sua contextura humana, como era então diferente esse capitalismo do Renascimento do sistema bem mais hierarquizado, do sistema manufatureiro, do sistema saint-simoniano da era da revolução industrial! Que, por sua vez... Do mesmo modo, uma observação muito simples bastaria para nos precaver quanto a isso. Em que data fixar o surgimento do capitalismo não mais de uma época determinada, mas do capitalismo em si, do capitalismo com C maiúsculo? Na Itália do século XII? Na Flandres do XIII? Na época de Fugger e da Bolsa de Anvers? No século XVIII, até no XIX? Tantos historiadores, ou quase isso, tantas certidões de nascimento, quase tão numerosas, na verdade, quanto as daquela burguesia cujo acesso ao poder é festejado pelos manuais escolares segundo os períodos sucessivamente propostos às meditações de nossos gurus, ora sob Filipe o Belo, ora sob Luís XIV, a menos que não seja em 1789 ou em 1830... Talvez, afinal de contas, não fosse exatamente a mesma burguesia. Tampouco o mesmo capitalismo.

E aí está, creio, onde tocamos o fundo das coisas. Todos lembram da bonita frase de Fontenelle: Leibniz, dizia, "formula definições exatas, que o privam da agradável liberdade de abusar dos termos nessas ocasiões". Agradável, não sei, perigosa certamente; é uma liberdade bastante familiar a nós. O historiador raramente define. Poderia, com efeito, julgar esse cuidado supérfluo se bebesse num uso ele próprio de sentido estrito. Como não é esse o caso, não tem, até no emprego de suas palavras-chave, nenhum outro guia a não ser seu instinto pessoal. Ele estende, restringe, deforma despoticamente as significações, sem advertir o leitor, sem nem sempre ele próprio se dar conta. Quantos "feudalismos", mundo afora, desde a China até a Grécia dos aqueus das belas cnêmidas? Em sua grande parte, não se parecem em nada. É que cada historiador, ou quase isso, compreende o nome a seu bel-prazer.

Definimos, entretanto, fortuitamente? O mais frequente é um por nós. Nada mais significativo do que o caso de um analista de economia tão penetrante quanto John Maynard Keynes. Não há quase nenhum livro seu em que não o vejamos antes, ao se apoderar de termos por exceção bastante bem fixados, decretar-lhes sentidos completamente novos: mudando, às vezes, de obra para obra; voluntariamente distantes, em todo caso, da prática comum. Curioso problema das ciências do homem, que, por terem sido por tanto tempo tratadas como mero gênero literário, parecem ter preservado algo do impenitente individualismo do artista! Poderíamos conceber um químico dizendo: "é preciso, para formar uma molécula de água, dois corpos: um fornece dois átomos, o outro um só; no vocabulário que engendrei, é o primeiro que se chamará oxigênio e o segundo hidrogênio"? Por mais rigoroso que as suponhamos, linguagens de historiadores, alinhadas lado a lado, nunca comporão a linguagem da história.

A bem da verdade, esforços mais bem combinados foram, aqui e ali, tentados: por grupos de especialistas que a juventude relativa de suas disciplinas parece colocar ao abrigo das piores rotinas corporativas (linguistas, etnógrafos, geógrafos); para a história inteira, pelo Centro de Síntese, sempre na expectativa dos serviços a prestar e dos exemplos a dar. Deve-se esperar muito disso. Mas menos ainda, talvez, que dos progressos de uma difusa boa vontade. Dia virá, sem dúvida, em que uma série de acordos permitirá precisar a nomenclatura, depois, de etapa em etapa, refiná-la. Então a própria iniciativa do pesquisador conservará seus direitos; aprofundando a análise, ele remaneja necessariamente a linguagem. O essencial é que o espírito de equipe viva entre nós. É preciso que o historiador renuncie a desviar intempestivamente de seus sentidos as palavras já recebidas (mais vale, se for preciso, uma franca criação); que evite rejeitar, por capricho, aquelas já experimentadas; que, ao usar definições escrupulosas, faça-o com o cuidado de tornar seu vocabulário constantemente utilizável para todos. A torre de Babel forneceu a um irônico Demiurgo um espetáculo bastante satisfatório. Seria, para a ciência, um modelo deplorável.

4[15]

O rio das eras corre sem interrupção. Nisso também, todavia, é preciso que nossa análise pratique recortes. Pois a natureza de nosso espírito nos proíbe de apreender até mesmo o mais contínuo dos movimentos, se não o dividirmos por balizas. Como fixar, ao longo do tempo, as da história? Elas serão sempre, num sentido, arbitrárias. Além disso, é importante que coincidam com os principais pontos de inflexão da eterna mudança.

Nas historiografias que herdamos (não poderia falar do Extremo Oriente), a história era, antes de tudo, uma crônica de líderes. Era das vicissitudes da soberania que ela extraía*[16], tradicionalmente, as articulações de seu relato, isso quando não se contentava, transformando-se em anais, em claudicar de milésimo em milésimo. Ao destruir uma à outra, as dominações dos povos conquistadores traçavam as grandes épocas. A memória coletiva da Idade Média quase toda viveu assim do mito apocalíptico dos quatro Impérios: meda, persa, grego, romano. Fôrma incômoda porém, mesmo assim. Não se obrigava apenas, por submissão ao texto sagrado, a prolongar até o presente a miragem de uma fictícia unidade romana. Por um estranho paradoxo numa sociedade de cristãos — como deve ser atualmente, aos olhos de qualquer historiador —, a Paixão parecia, na marcha da humanidade, uma pausa menos notável do que as vitórias de ilustres devastadores de províncias. Quanto às divisões menores, a sucessão de monarcas, em cada nação, lhes conferia seus limites.

Esses hábitos provaram-se maravilhosamente tenazes. Fiel espelho da escola francesa, nas proximidades de 1900, a *História da França* de Levisse ainda avança tropeçando de reino em reino; a cada morte de príncipe, narrada com o detalhe que se atribui aos grandes acontecimentos, ela marca uma etapa. Não existem mais reis? Os sistemas de governo também são mortais; suas revoluções servem então como marcos. Mais próximos de nós, é por "preponderâncias" nacionais — equivalentes atenuados dos Impérios de outrora — que uma importante coleção de manuais segmenta a seu bel-prazer o curso da história moderna. Espanhola, francesa, inglesa, alemã, essas hegemonias são — é preciso dizer? — de natureza diplomática e militar. O resto arranja-se como for possível.

---

15 O manuscrito datilografado traz o número quatro (romano) no meio da página, o que mostra que se trata de um novo desenvolvimento, mas não está acompanhado de nenhum subtítulo. Se cotejarmos esta lacuna com uma carta a Lucien Febvre contendo o último plano, podemos formular a hipótese de um subtítulo tal como "As divisões cronológicas".
16 Ao passo que a datilografia estabelecida por Lucien Febvre continha a integralidade da passagem entre asteriscos (*), sem levar em conta, é verdade, a cesura, as edições sucessivas da obra omitiram a passagem e criaram uma nova frase: "Aí então, a iniciativa do pesquisador conservará tradicionalmente as articulações de seu relato", o que não fazia qualquer sentido.

Eis já um bom tempo, no entanto, que o século XVIII fizera ouvir seu protesto. "Parece, escrevia Voltaire, que de 1.400 anos para cá não houve nas Gálias senão reis, ministros e generais." Pouco a pouco, surgem novas divisões que, alheias à obsessão imperialista ou monárquica, pretendiam se adequar a fenômenos mais profundos. "Feudalismo", tanto como nome de um período como de um sistema social e político, data, como vimos, dessa época. Mas, entre todas as coisas, os destinos da expressão "Idade Média" são instrutivos.

Por sua origem distante, era ela própria medieval. Pertencia ao vocabulário daquele profetismo semi-herético que, desde o século XIII sobretudo, seduzira tantas almas inquietas. A Encarnação pusera fim à Antiga Lei. Ela não estabelecera o Reino de Deus. Apontando para a expectativa desse dia abençoado, o tempo presente não seria portanto senão uma era intermediária, um *medium aevum*. Depois, a partir dos primeiros humanistas, parece, aos quais essa língua mística permanecia familiar, a imagem foi desviada para realidades mais profanas. Num certo sentido, o reino do Espírito chegara. Era essa renovação das letras e do pensamento, cuja consciência, nos melhores, fazia-se então viva: testemunha Rabelais, testemunha Ronsard. A meia idade concluíra que, entre a fecunda Antiguidade e sua nova revelação, houve apenas, do mesmo modo, uma longa espera. Assim entendida, a expressão, durante várias gerações, viveu obscuramente, restrita, sem dúvida, a alguns círculos de eruditos. Acredita-se que foi no finalzinho do século XVII que um alemão, um modesto confeccionador de manuais, Christophe Keller, imaginou pela primeira vez, numa obra de história geral, rotular de "Idade Média" todo o período, muito mais que milenar, que vai das Invasões ao Renascimento. O uso, introduzido não se sabe por que canais, entrou definitivamente na historiografia europeia e, sobretudo, francesa, na época de Guizot e de Michelet.

Voltaire havia ignorado isso. "Enfim, o que quereis é superar o desgosto que vos causa a *História moderna, desde a decadência do Império Romano*": reconhecemos aí a primeira frase do *Ensaio sobre os costumes*. Não duvidemos, no entanto: foi justamente o espírito do *Ensaio* que, tão poderoso nas gerações seguintes, fez o sucesso de "Idade Média". Como, aliás, de seu *pendant* quase necessário: o termo Renascimento, cujo destino foi definitivamente fixado mais ou menos no mesmo momento. Corrente, de longa data, no vocabulário da história do gosto, mas como substantivo e com a adjunção obrigatória de um complemento ("o renascimento das artes ou das letras, no século XVI, sob Leão X ou sob Francisco I", dizia-se), conquista antes de Michelet, junto com a maiúscula, a honra de servir, sozinho, para marco do período inteiro. Das duas partes, a ideia é a mesma. As batalhas, a política das cortes, a ascensão ou queda das grandes dinastias forneciam o contexto. Sob sua bandeira, a arte, a literatura, as ciências eram organizadas de qualquer maneira. É preciso agora inverter. Nas épocas da humanidade, são as manifestações mais refinadas do espírito humano que, por seus variáveis progressos, dão o tom. Não existe ideia que, com mais clareza do que esta, exiba mais a marca voltairiana.

Mas uma grande fraqueza viciava as classificações: o traço distintivo era ao mesmo tempo um julgamento. A partir do momento em que não cremos mais na noite da Idade Média; que renunciamos a descrever como um deserto uniformemente estéril séculos que, no domínio das invenções técnicas, da arte, do sentimento, da reflexão religiosa, foram tão ricos que viram o primeiro desabrochar da expansão econômica europeia; que, enfim, nos deram nossas pátrias, que razão restaria ainda para confundir sob uma rubrica comum, a despeito de toda a cor verdadeira, a Gália de Clóvis e a França de Filipe o Belo, Alcuíno e são Tomás ou Occam, o estilo animalista das joias "bárbaras" e as estátuas de Chartres, os pequenos burgos coesos dos tempos carolíngios e as esplendorosas burguesias de Gênova, de Bruges ou de Lubeck? A Idade Média, na verdade, vive apenas de uma humilde vidazinha pedagógica: contestável comodidade de programas, rótulo sobretudo de técnicas eruditas, cujo campo, a propósito, é bastante mal delimitado pelas datas tradicionais. O medievalista é o homem que sabe ler velhas escrituras, criticar um documento, compreender o francês arcaico. É alguma coisa, sem dúvida. Não o suficiente, com certeza, para satisfazer, na busca das divisões exatas, uma ciência do real.

Na confusão de nossas classificações cronológicas, uma moda insinuou-se, bem recente, creio, tanto mais intrusiva, em todo caso, quanto menos sensata. Com naturalidade, contamos por séculos.

Por muito tempo alheia, sabemos, a qualquer recenseamento exato de anos, a palavra também tinha originariamente suas ressonâncias místicas: acentos de Quarta Écloga ou *Dies irae*. Talvez não estivessem tão amortecidas na época em que, sem grande preocupação com a precisão numérica, a história alongava-se, com complacência, sobre o século de Péricles ou o de Luís XIV. Mas nossa linguagem se fez mais severamente matemática; não nomeamos mais os séculos de acordo com seus heróis. Numeramo-los sequencialmente, bem sensatamente, de cem em cem anos, a partir de um ponto fixado de uma vez por todas. A arte do século XIII, a filosofia do XVIII, o "estúpido XIX", essas figuras de máscara aritmética enxameiam as páginas de nossos livros. Quem de nós se gabará de ter um dia escapado às seduções de sua aparente comodidade?

Infelizmente, nenhuma lei da história impõe que os anos cujos milésimos se determinam pelo algarismo 1 coincidam com os pontos críticos da evolução humana. Daí estranhas inflexões de sentido. "É bem sabido que o século XVIII começa em 1715 e termina em 1789": li essa frase um dia, num trabalho de aluno. Candura? Ou malícia? Não sei. Em todo caso, isso servia bem para colocar a nu certas bizarrices do uso. Caso se trate, porém, do século XVIII filosófico, poder-se-ia provavelmente dizer ainda melhor que começou bem antes de 1701: a *História dos oráculos* é de 1687 e o *Dicionário* de Bayle, de 1697. O pior é que o nome, como sempre, carrega com ele a ideia, e os falsos rótulos acabam por iludir quanto à mercadoria. Fala-se com frequência do "renascimento do século XII". Grande movimento intelectual, certamente. Porém, ao se inscrevê-lo sob essa rubrica, esquece-se facilmente que começou, na realidade, por volta de 1060, e certas ligações essenciais escapam. Em suma, parece que distribuímos, segundo um rigoroso ritmo pendular, arbitrariamente escolhido, realidades às quais essa regularidade é completamente estranha. É um desafio. Nós o aceitamos naturalmente com muita dificuldade, e a única coisa que fizemos foi introduzir mais uma confusão. Evidentemente, é preciso procurar melhor.

Na medida em que nos limitamos a estudar, no tempo, cadeias de fenômenos aparentados, o problema é, em suma, simples. É a esses próprios fenômenos que convém solicitar seus próprios períodos. Uma história religiosa do reino de Filipe Augusto? Uma história econômica do reino de Luís XV? Por que não: "Diário do que aconteceu, em meu laboratório, sob a segunda presidência de Grévy", por Louis Pasteur? Ou, inversamente, "História diplomática da Europa, de Newton a Einstein"?

Sem dúvida, vê-se bem por onde divisões extraídas uniformemente da série dos Impérios, dos reis ou dos regimes políticos conseguiram seduzir. Não tinham por elas apenas o prestígio que uma longa tradição confere ao exercício do poder: "a essas ações, dizia Maquiavel, que parecem ter grandeza própria nos atos do governo do Estado". Um advento, uma revolução têm seu lugar fixado, na duração, em determinado ano, quase em determinado dia. Ora, o erudito gosta, como se diz, de datar "precisamente". Encontra com isso, com o abrandamento de um instintivo horror do vago, uma grande comodidade de consciência. Almeja ter tudo lido, tudo conferido, sobre o que diz respeito a seu assunto. Como ficaria mais à vontade se, diante de cada dossiê de arquivos, pudesse, calendário na mão, fazer a divisão, antes, durante, depois!

Tomemos cuidado, porém: o recorte mais exato não é forçosamente o que faz uso da menor unidade de tempo — se assim fosse, seria preciso então preferir não apenas o ano à década, mas também o segundo ao dia. A verdadeira exatidão consiste em se adequar, a cada vez, à natureza do fenômeno considerado. Pois cada tipo tem sua densidade de medida particular e, por assim dizer, seu decimal específico. As transformações da estrutura social, da economia, das crenças, do comportamento mental não seriam capazes, sem um desagradável artifício, de se dobrar a uma cronometragem muito rígida. Quando escrevo que uma modificação extremamente profunda da economia ocidental, marcada ao mesmo tempo pelas primeiras importações maciças de trigos exóticos e pelo primeiro grande desabrochar das indústrias alemãs e americanas, produziu-se entre cerca de 1875 e 1885, uso da única aproximação que esse gênero de fatos autoriza. Vou, ao contrário, cismar em buscar uma data supostamente mais precisa? Escolher para isso, como se se apresentasse de repente ao espírito, o Tratado de Frankfurt? Eu trairia a realidade no altar de um respeito mal compreendido pelo número.

Aliás, não é de modo algum impossível, *a priori*, que, com a experiência, as fases naturais de fenômenos de ordem aparentemente bem diversa venham a se superpor. Será exato que o advento do Segundo Império introduziu um novo período na economia francesa? Sombart tinha razão em identificar o florescimento do capitalismo com aquele do espírito protestante? O sr. Thierry Maulnier enxerga corretamente ao descobrir na democracia "a expressão política" desse mesmo capitalismo (não totalmente o mesmo, receio)? Não temos o direito de rejeitar, de antemão, essas coincidências, por mais duvidosas que possam nos parecer. Mas elas só surgirão, se for o caso, sob uma condição: não terem sido postuladas previamente. Certamente, as marés estão em relação com as lunações. Para sabê-lo, porém, foi preciso antes determinar, separadamente, as épocas de fluxo e as da Lua. Contemplando, ao contrário, a evolução social em sua integralidade, trata-se de caracterizar suas etapas sucessivas? É um problema de nota dominante. Aqui só se pode sugerir os caminhos pelos quais a classificação parece ter que se engajar. A história, não esqueçamos, ainda é uma ciência em obras.

Os homens que nasceram num mesmo ambiente social, em datas próximas, sofrem necessariamente, em particular em seu período de formação, influências análogas. A experiência prova que seu comportamento apresenta, em relação aos grupos sensivelmente mais velhos ou mais jovens, traços distintivos geralmente bastante nítidos. Isso até em suas discordâncias, que podem ser das mais agudas. Apaixonar-se por um mesmo debate, mesmo em sentidos opostos, ainda é assemelhar-se. Essa comunidade de marca, oriunda de uma comunidade de época, faz uma geração.

Uma sociedade, a bem da verdade, raramente é una. Ela se decompõe em ambientes diferentes. Em cada um deles, as gerações nem sempre se superpõem: será que as forças que atuam sobre um jovem operário fatalmente são exercidas, pelo menos com uma intensidade igual, no jovem camponês? Acrescentem, mesmo nas civilizações mais coesas, a lentidão de propagação de certas correntes. "Éramos românticos, na província, durante minha adolescência, ao passo que em Paris havia-se deixado de sê-lo", dizia-me meu pai, nascido em Estrasburgo em 1848. Com frequência, aliás, como nesse caso, a oposição reduz-se sobretudo a uma defasagem. Quando falamos desta ou daquela geração francesa, por exemplo, evocamos uma imagem complexa, às vezes não sem discordâncias, mas da qual é natural reter antes de tudo os elementos verdadeiramente orientadores.

Quanto à peridiocidade das gerações, é evidente que, a despeito dos devaneios pitagóricos de certos autores, nada tem de regular. Segundo a cadência mais ou menos viva do movimento social, os limites se cerram ou se distendem. Existem, em história, gerações longas ou gerações curtas. Só a observação permite apreender os pontos em que a curva muda de orientação. Pertenci a uma escola em que as datas de matrícula facilitam as referências. Muito cedo, vi-me, sob muitos aspectos, mais próximo das turmas que me haviam precedido do que das que me seguiram quase imediatamente. Colocávamo-nos, meus colegas e eu, na ponta do que se pode chamar, creio, a geração do caso Dreyfus. A experiência da vida não desmentiu essa impressão.

Ocorre enfim, obrigatoriamente, de as gerações se interpenetrarem. Pois os indivíduos não reagem sempre similarmente às mesmas influências. Hoje mesmo, entre nossos filhos, já se pode discernir, mais ou menos, segundo as idades, a geração da guerra daquela que será apenas a do pós-guerra. Com uma ressalva, contudo: nas idades que não são ainda a adolescência quase madura e não são mais a da pequena infância, a sensibilidade em relação aos acontecimentos do presente varia muito segundo os temperamentos pessoais; as mais precoces serão de fato "da guerra", as outras permanecerão no lado oposto.

A noção de geração é portanto muito flexível, como todo conceito que tenta exprimir, sem deformá-las, as coisas do homem. Mas corresponde também a realidades que sentimos bem concretas. Há muito tempo, vimo-la ser utilizada, como por instinto, por disciplinas cuja natureza levava a que rejeitassem, antes de quaisquer outras, as velhas divisões por reinos ou por governos: como a história do pensamento ou das formas artísticas. Ela parece destinada a fornecer, cada vez mais, um primeiro balizamento a uma análise ponderada das vicissitudes humanas.

Mas uma geração representa apenas uma fase relativamente curta. As fases mais longas chamam-se civilizações.

A palavra, como Lucien Febvre mostrou, só se desvencilhou muito lentamente do juízo de valor. Hoje conquistou sua liberdade. Admitimos que haja, se ouso dizer, civilizações de não civilizados. Reconhecemos que em uma sociedade, seja qual for, tudo se liga e controla mutuamente: a estrutura política e social, a economia, as crenças, tanto as formas mais elementares como as mais sutis da mentalidade. Esse complexo tem uma tonalidade própria a cada vez. Ela é difícil de exprimir, sem dúvida. Evitemos rótulos muito simples. A facilidade das palavras em "ismo" (*Typismus, Konventionalismus*) arruinou a iniciativa, no entanto inteligente, de descrição evolutiva, tentada por Karl Lamprecht em sua *História da Alemanha*. Contudo, ninguém se iludo quanto à existência das oposições de nomes. Alguém contestará atualmente uma civilização chinesa? Duvidará que difere imensamente da europeia? Essa ênfase maior é, além disso, suscetível de se modificar, mais ou menos lenta ou bruscamente. Quando a transformação se operou, dizemos que uma civilização sucede a uma outra: as sociedades da alta Idade Média ocidental haviam herdado muito do Império Romano; todos, porém, estarão de acordo que não era mais a mesma civilização. Assim como a civilização ocidental do Renascimento não se identifica, por exemplo, com a nossa. Cabe à prática introduzir em suas distinções uma exatidão e um discernimento crescentes.

O tempo humano, em resumo, permanecerá sempre rebelde tanto à implacável uniformidade como ao seccionamento rígido do tempo do relógio. Faltam-lhe medidas adequadas à variabilidade de seu ritmo e que, como limites, aceitem frequentemente, porque a realidade assim o quer, conhecer apenas zonas marginais. É apenas ao preço dessa plasticidade que a história pode esperar adaptar, segundo as palavras de Bergson, suas classificações às "próprias linhas do real": o que é propriamente a finalidade última de toda ciência.

Capítulo V[1]

Em vão o positivismo pretendeu eliminar da ciência a ideia de causa. Querendo ou não, todo físico, todo biólogo pensa através de "por quê?" e de "porque". Os historiadores não podem escapar a essa lei comum do espírito. Alguns, como Michelet, encadeiam tudo num grande "movimento vital", em lugar de explicar de forma lógica; outros exibem seu aparelho de induções e de hipóteses; em todos o vínculo genético está presente. Porém, do fato de o estabelecimento das relações de causa e efeito constituir assim uma necessidade instintiva de nosso entendimento não se segue que sua investigação possa ser relegada ao instinto. Se a metafísica da causalidade está aqui fora de nosso horizonte, o emprego da relação causal, como ferramenta do conhecimento histórico, exige incontestavelmente uma tomada de consciência crítica.

Um homem, suponhamos, caminha por um atalho de montanha; tropeça e cai num precipício. Foi preciso, para que esse acidente acontecesse, a reunião de um grande número de elementos determinantes. Entre eles, a existência da gravidade, a presença de um relevo, resultante de longas vicissitudes geológicas, o traçado de um caminho, destinado, por exemplo, a ligar uma aldeia a suas pastagens de verão. Será portanto perfeitamente legítimo dizer que, se as leis da mecânica celeste fossem diferentes, se a evolução da Terra tivesse sido outra, se a economia alpina não se fundasse na transumância sazonal, a queda não teria acontecido. Pergunta-se porém qual foi a causa? Todos responderão: o tropeço. Não é de modo algum que este antecedente fosse mais necessário ao fato. Muitos outros o eram no mesmo nível. Mas, entre todos, ele se distingue por diversas características mais evidentes; vinha por último, era o menos permanente, o mais excepcional na ordem geral do mundo; enfim, em razão mesmo dessa menor generalidade, sua intervenção parece a que pode mais facilmente ser evitada. Por essas razões, parece ligado ao efeito de uma influência mais direta e não escapamos ao sentimento de que foi ele o único a tê-lo produzido. Aos olhos do senso comum, que, ao falar de

---

1 O texto integral desse capítulo figura em cinco folhas manuscritas, respectivamente numeradas V-1, V-2, V-3, V-4, V-5, que foram utilizadas para a datilografia; o texto é idêntico ao aqui reproduzido.

causa, tem sempre dificuldade em se livrar de um certo antropomorfismo, esse componente do último minuto, esse componente particular e inopinado se parece um pouco com o artista que dá forma a uma matéria plástica já toda preparada.

O raciocínio histórico, em sua prática corrente, não procede de modo diferente. Os antecedentes mais constantes e mais genéricos permanecem simplesmente subentendidos. Que historiador militar pensará em colocar entre as razões de uma vitória a gravitação, que dá conta das trajetórias dos obuses, ou as disposições fisiológicas do corpo humano, sem as quais os projéteis não seriam capazes de danos mortais? Já os antecedentes mais particulares, porém dotados também de uma certa permanência, formam o que se convencionou chamar de condições. O mais específico, aquele que, no leque das forças geradoras, de certo modo representa o elemento diferencial, recebe, de preferência, o nome de causa. Diremos, por exemplo, que a inflação da época de Law foi a causa da alta global dos preços. A existência de um meio econômico francês, já homogêneo e bem coeso, será apenas uma condição. Pois essas facilidades de circulação, que, ao espalhar as cédulas por todo lado, permitiram sozinhas a alta, haviam precedido a inflação e lhe sobreviveram.

Ninguém poderia duvidar de que reside, nessa discriminação, um princípio fecundo de pesquisa. Para que insistir[2] em antecedentes quase universais? Eles são comuns a muitos fenômenos para merecer figurar na genealogia de um deles em particular. Sei bem, de antemão, que não haveria incêndio se o ar não contivesse oxigênio; o que me interessa e justifica um esforço de descoberta é determinar como o fogo pegou[3]. [As leis das trajetórias variam tanto para a derrota como para a vitória; explicam a ambas; são portanto inúteis para a explicação apropriada de todas as duas.]

Mas não se poderia sem perigo elevar ao absoluto uma classificação hierárquica que é apenas, na verdade, uma comodidade do espírito[4]. A realidade nos apresenta uma quantidade quase infinita de linhas de força, todas convergindo para o mesmo fenômeno. A escolha que fazemos entre elas pode muito bem se fundar em características, na prática, bastante dignas de atenção; não deixa de se tratar sempre de uma escolha. Existe sobretudo muito de arbitrário na ideia de uma causa por excelência oposta às simples "condições". O próprio Simiand, tão

---

2   As supressões ou acréscimos indicados aqui o são em relação a uma folha manuscrita numerada V-2:]indefinidamente[
3   Sobre a folha manuscrita o texto prossegue sem parágrafo com: "Mas o perigo seria elevar ao absoluto uma simples comodidade do espírito", o que se tornou na versão definitiva o começo de um parágrafo: "Mas não se poderia sem perigo".
4   O texto da folha manuscrita é mais sucinto: "Mas o perigo seria elevar ao absoluto uma simples comodidade do espírito".

cioso de rigor e que tentara antes (em vão, acredito) definições mais estritas, parece ter acabado por reconhecer o caráter todo relativo dessa distinção. "Uma epidemia, escreve ele, terá como causa para o médico a propagação de um micróbio e, como condições, a sujeira, a má saúde produzidas pelo pauperismo; para o sociólogo e o filantropo, o pauperismo será a causa e os fatores biológicos, a condição." Isso é admitir, de boa-fé, a subordinação da perspectiva ao ângulo próprio da investigação. Tomemos cuidado, aliás; a superstição da causa única, em história, não raro é apenas a forma insidiosa da busca do responsável: por conseguinte, juízo de valor. "De quem é a culpa ou mérito?", diz o juiz. O cientista contenta-se em perguntar "por quê?" e aceita que a resposta não seja simples. Preconceito do senso comum, postulado de lógico ou tique de magistrado instrutor, o monismo da causa seria para a explicação histórica simplesmente um embaraço. Ela busca fluxos de ondas causais e não se assusta, uma vez que a vida assim os mostra, ao encontrá-los múltiplos.

Os fatos históricos são, por essência, fatos psicológicos[5]. É portanto em outros fatos psicológicos que encontram geralmente seus antecedentes. Sem dúvida, os destinos humanos inserem-se no mundo físico e sofrem sua influência. Aí mesmo, porém, onde a intrusão dessas forças exteriores parece mais brutal, sua ação não é exercida senão orientada pelo homem e seu espírito. O vírus da Peste Negra foi a causa primordial do despovoamento da Europa. Mas a epidemia só se propagou tão rapidamente em razão de certas condições sociais, portanto, em sua natureza profunda, mentais, e seus efeitos morais explicam-se apenas pelas predisposições particulares da sensibilidade coletiva[6].

Entretanto, só existe psicologia da consciência clara. Lendo certos livros de história, acreditaríamos a humanidade composta unicamente de vontades lógicas, para quem suas razões de agir jamais teriam o menor segredo. Diante do estado atual das pesquisas sobre a vida mental e suas obscuras profundezas, isso é uma prova a mais da eterna dificuldade por parte das ciências de permanecerem exatamente contemporâneas umas das outras. É também repetir, ampliando, o erro, porém tão frequentemente denunciado, da velha teoria econômica. Seu *homo*

---

5 Uma folha manuscrita de rascunho, numerada V-3, começa com a frase: "Os fatos históricos são, por essência, fatos psicológicos." Ela prossegue com uma redação contínua até o meio da folha, com um texto próximo da redação definitiva. As supressões em relação a essa folha manuscrita são aqui indicadas em nota.
6]São constatações dessa ordem que arruinaram o pseudodeterminismo geográfico. Às mesmas circunstâncias de clima, de solo, de localização, peritos diversamente preparados opõem reações bem diferentes. O deserto não é mais necessariamente "monoteísta", assim como os povos dos litorais recortados não são, por uma inelutável fatalidade, povos de marinheiros.[

oeconomicus não era uma sombra vã apenas porque supunham-no ocupado exclusivamente com seus interesses; a pior ilusão consistia em imaginar que pudesse fazer de seus interesses uma ideia tão nítida. "Nada mais raro do que um desígnio", já dizia Napoleão. A pesada atmosfera moral em que nos encontramos mergulhados neste momento, será que a estimaremos capaz de marcar em nós apenas o homem de decisões sensatas? Falsearíamos gravemente o problema das causas, em história, se o reduzíssemos, sempre e em toda parte, a um problema de motivos.

Que curiosa antinomia, aliás, nas atitudes sucessivas de tantos historiadores! Trata-se de se assegurar que um ato humano aconteceu realmente? Eles não poderiam colocar tantos escrúpulos nessa investigação. Passam às razões desse ato? A mínima aparência os satisfaz: fundada, geralmente, num desses apotegmas de psicologia banal, que não são nem mais nem menos verdadeiros que seus contrários. Dois críticos de formação filosófica, Georg Simmel na Alemanha, François Simiand na França, divertiram-se ao colocar a nu algumas dessas petições de princípio. Os hébertistas, escreve um historiador alemão, concordaram de início completamente com Robespierre, porque ele se dobrava a todos os seus desejos; depois se afastaram dele, porque o julgavam poderoso demais. É, observa em substância Simmel, subentender as duas proposições seguintes: um benefício provoca o reconhecimento; não se gosta de ser dominado. Ora, essas duas proposições não são obrigatoriamente falsas, sem dúvida. Mas nem obrigatoriamente corretas, tampouco. Pois não poderíamos sustentar, com igual verossimilhança, que uma submissão tão pronta às vontades de um partido provoque nele mais desprezo por essa fraqueza do que gratidão, e, além disso, já se viu algum ditador, pelo temor que seu poder inspira, calar-se à menor veleidade de resistência? Um escolástico dizia da autoridade que ela tem "um nariz de cera que se dobra indiferentemente para a direita ou para a esquerda". Do mesmo modo, pretensas verdades psicológicas de senso comum.

O erro, no fundo, é análogo àquele em que se inspirava o determinismo geográfico, hoje definitivamente arruinado. Seja na presença de um fenômeno do mundo físico ou de um fato social, as reações humanas nada têm de um movimento de relojoaria, sempre engrenado no mesmo sentido. O deserto, seja lá o que diga Renan, não é necessariamente "monoteísta", porque nem todos os povos que o habitam carregam a mesma alma a seus espetáculos. O pequeno número dos pontos de água acarretaria, em qualquer lugar, o agrupamento do hábitat rural e a abundância deles, apenas sua dispersão, se é verdade que os aldeões colocassem na frente de qualquer outra preocupação a proximidade das fontes, dos poços ou dos charcos. O que acontece na realidade é que preferem se reunir, por questão de segurança e de ajuda mútua, até por simples humor gregário, ali mesmo onde todo canto de terra tem sua fonte; ou então, inversamente (como em certas regiões da

Sardenha), cada um, estabelecendo sua morada no centro de seu pequeno domínio, aceita, como preço por esse júbilo que lhes fala ao coração, longos caminhos rumo à água rara. Na natureza, o homem, não será, por excelência, a grande variável?

Não nos enganemos, no entanto: o erro não está, em semelhante caso, na própria explicação: reside inteiramente em seu apriorismo. Embora os exemplos, até aqui, não pareçam muito frequentes, é possível que, em determinadas condições sociais, a divisão dos recursos hídricos decida, antes de qualquer outra causa, sobre o hábitat; o que é certo é que não decide necessariamente. Também não é de modo algum impossível que os hébertistas tenham de fato obedecido aos motivos que lhes atribuía o historiador. O erro foi considerar essa hipótese, previamente, como evidente. É preciso prová-la. Depois, uma vez fornecida esta prova — que não temos o direito de considerar evidente, ou mesmo antecipadamente impraticável —, restava ainda, aprofundando mais a análise, perguntar-se por que, de todas as atitudes psicológicas possíveis, estas se impuseram ao grupo. Pois, a partir do momento em que uma reação da inteligência ou da sensibilidade não for natural, ela exige, por sua vez, caso se produza, que nos esforcemos por descobrir suas razões. Resumindo tudo, as causas, em história como em outros domínios, não são postuladas. São buscadas.

1ª EDIÇÃO [2001] 22 reimpressões

ESTA OBRA FOI COMPOSTA POR TOPTEXTOS EDIÇÕES GRÁFICAS
EM MINION E LEGACY SANS E IMPRESSA EM OFSETE PELA
GRÁFICA PAYM SOBRE PAPEL ALTA ALVURA DA SUZANO S.A.
PARA A EDITORA SCHWARCZ EM MAIO DE 2024

A marca FSC® é a garantia de que a madeira utilizada na fabricação do papel deste livro provém de florestas que foram gerenciadas de maneira ambientalmente correta, socialmente justa e economicamente viável, além de outras fontes de origem controlada.